U0458318

本书是湖州师范学院出版资助项目、
奕阳教育研究院青年学者资助项目成果。

幼儿教师
专业伦理发展研究

赵海燕 等 著

上海三联书店

前　言

　　中华文明在秦汉奠定了思想基础,儒、道、墨成为中国哲学思想和教育思想的源头,后世文明发展的根基一直没有断绝,也是中华人民生生不息之基石！道家尊崇天道自然、天人合一思想,即"人法地,地法天,天法道,道法自然"(《老子·庄子·列子》),天、地、人各有其运行的规律、法则,各种规律、法则相辅相成,构成了一个和谐世界,人类在这个和谐世界中应遵循这个世界的自然运行规律和法则,与一切生物和平共处。墨家推崇"视人之国如其国,视人之家如其家,视人之身如其身"(《墨子·兼爱》),主张"法天"而"兼爱""尚贤""尚同"等做法,墨家从家国天下视角,关爱国、家、人,并认为应各遵其职,造就利他主义的"任士",修行自身完美人格。佛教推崇"缘起性空""因果轮回",劝人向善、灭除痛苦、偿还业报、修来世幸福,达到转染为净而证得无上菩提,佛教十分讲究个人修养的大成。儒家圣人孔子修得圣人人格,正如近现代学者辜鸿铭先生指出:"中国人已经公认孔子为一个有着最完美人格的典型"(《中国人的精神》)。以仁义礼智信,"知止而后有定,定而后能静,静而后能安,安而后能虑,虑而后能得"(《礼记·大学》)成就君子人格,甚而达到内圣外王的圣人人格。儒家曾子每日都在自我反省:"为人谋而不忠乎"拷问自己的职责即是否尽到了自己的本职工作和社会责任,儒学大家朱熹解释"忠"为"尽己之谓忠",认为对待工作和自己的事一样,尽心竭力地做好,忠于自己的职责。总之,无论是道家、释家、墨家、儒家,都认为对己、对人、对家、对国,乃至于万物,都应该遵循其应有的规律、法则,尽力修得己身,造就完满人格。可见,修己复礼、恪尽职守,提升人格素养,方能成就完满人格、家国升平、和谐世界。

幼儿教师专业伦理是幼儿教育伦理的核心内容,是幼儿教师专业化发展的最基本要求,幼儿教师专业伦理水平的高低是幼儿教师人格水平高低的现实明证,也是幼儿教师是否忠于职守的核心考察指标。社会的发展和进步造就了各式各样的行业,各式各样的行业有各式各样的行业法则和规则,从事不同的行业应该有不同专业伦理,这也是人们修行自身人格的核心途径之一。

本研究遵循"思辨实证相结合,理论实践相结合,宏观与中、微观相结合"研究原则,对幼儿教师专业伦理的基本理论进行梳理与构建,进行研究的准确定位;通过对国内外幼儿教师专业伦理研究成果的分析,打下前期理论研究基础;通过对浙江省、上海市个别幼儿园进行个案与行动研究,深入挖掘幼儿教师专业伦理发展影响因素;结合问题归因和实证研究,提出具体的、可操作的建设策略。研究共分五个部分:第一,幼儿教师专业伦理发展问题研究。第二,幼儿教师专业伦理发展个案研究。第三,幼儿教师专业伦理发展影响因素研究。第四,幼儿教师专业伦理发展行动研究。第五,幼儿教师专业伦理发展策略研究。本研究主要运用个案研究、行动研究、调查研究等研究方法,因研究能力和水平有限,必然存在一些并不理想之处,望同仁们原宥!

本研究由浙江省湖州师范学院教授赵海燕老师主持展开,研究方案设计、资料整理、研究结果形成等均由赵海燕统一筹划安排,其中浙江省桐乡市大麻镇中心幼儿园周佳萍老师、上海市嘉定区新源幼儿园王薇懿老师、浙江省嘉善县杜鹃幼儿园万丽霞老师、山东省聊城莘县实验幼儿园岳华老师、刘雪老师共同参与了研究。其中,第一章由赵海燕撰写,第二章由万丽霞、王薇懿撰写,第三章由岳华、刘雪撰写,第四章由周佳萍撰写,第五章由赵海燕、王薇懿、万丽霞、周佳萍撰写。本研究所有成果统稿、修改、校对由赵海燕负责。

赵海燕

2020.5.2.于浙江湖州

目　　录

导　言

　　幼儿教师专业伦理是幼儿教育伦理的核心内容,教师伦理研究的重要组成部分,是幼儿教师专业化发展的最基本要求,幼儿教师专业伦理水平的高低是幼儿教师人格水平高低的现实明证,也是幼儿教师是否忠于职守的核心考察指标,对幼儿教师专业化发展的成熟、学前教育质量的提升都有着不可忽视的重要价值。社会的发展和进步造就了各式各样的行业,各式各样的行业有各式各样的行业法则和规则,从事不同的行业应该有不同的专业伦理,这也是人们修行自身人格的核心途径之一。本研究主要运用个案研究、行动研究、调查研究等研究方法,对幼儿教师专业伦理的五个方面进行了研究:第一,幼儿教师专业伦理发展问题研究。第二,幼儿教师专业伦理发展个案研究。第三,幼儿教师专业伦理发展影响因素研究。第四,幼儿教师专业伦理发展行动研究。第五,幼儿教师专业伦理发展策略研究。

　　第一,幼儿教师专业伦理发展问题研究。幼儿教师专业伦理发展研究有着十分重要的理论和实践价值。由于幼儿教师专业伦理是幼儿园发展和教育质量提升的核心内容、我国学前教育事业发展的核心途径之一,而现实中不时出现幼儿教师专业伦理失范问题,为促进幼儿成长与发展、幼儿教师专业化发展特进行本研究。幼儿教师专业伦理是幼儿教师在与幼儿、同事、家长、领导等相关人员相处以及从事职业活动互动时,应遵守的教师基本专业行为法则、规则、原则与规范。幼儿教师专业伦理具有约束性和专业性的特点,即幼儿教师专业伦理是调整幼儿教师人际关系的法则、规则、原则、规范,是对幼儿园教师基本人际关系与工作职责进行规定的体系,具有十分显著的约束性特征,对幼儿教师的言行举止、工作程序等都有强烈的约束性,是规范幼儿教师言行的标准,也是判断幼儿教师言行是否失范的标准。幼儿教师专业伦理仅在幼儿园教师群体范围内起作用,幼儿教师专业伦理的具体规范与幼儿教育特点与要求、幼儿身心发展特点与要求、幼儿教师工作特点与要求紧密相关,具有十分强烈的专业性特征。并且,从心理学的角度来看,人们任何行为过程都有存在知、情、行、意四个阶段发展的规律与脉络,立足幼儿教师自身,可以确定幼儿教师专业伦理可包括四个认知层面,即幼儿教师专业伦理认知、幼儿教师专业伦理情感、幼儿教师专业伦理行为、幼儿教师专业伦理意志等四个层面。幼儿教师专业伦理认知是指幼儿教师对其专业伦理的意识、认知的心理过程。幼儿教师专业伦理情感是指幼儿教师对其专业伦理的观念、态度的主观体验。幼儿教师专业伦理行为是指幼儿教师在职业活动时的外在举止行动表现。幼儿教师专业伦理意志是指幼儿教师为达成专业伦理目的而支配自身伦理行为,克服困难实现自身伦理目的的心理倾向。目前表现出的幼儿教师专业伦理发展从人际关系角度看和心理认知过程角度看存在很多问题,即有现实的问题、政策的问题和理论(观念)上的问题。

　　第二,幼儿教师专业伦理发展个案研究。师幼关系是幼儿教师在幼儿园中最重要、最核心、最基础的人际关系,是幼儿园学习生活中影响幼儿发展的最主要关系。因此,本研究设计通过师幼关系中的专业伦理问题研究和教师专业伦理发展四个阶段(幼儿教师专业伦理认知、情感、行为、意志)等这两个方面对幼儿教师专业伦理的发展问题进行探讨,力求以实证的态度对幼儿教师专业伦理进行深入研究。研究通过自然观察法、半结构访谈法选择了浙江省某市的一所幼儿园的全体教师和上海市某两所幼儿园的全体教师,同时针对观察每所幼儿园的某个班级进行追踪,其中,对师幼互动关系的类型划分为浓厚事务性的师幼互动,非对称相倚型的师幼互动,传递固有知识与技能、维护既成规则与规范的师幼互动,高控制、高约束与高服从、高依赖的师幼互动等进行研究。对幼儿教师专业伦理发展分别以幼儿教师专业伦理认知、情感、行为、意志等四个维度进行研究,综合调查研究结果,发现幼儿教师专业伦理认知缺乏、专业伦理情感淡薄、专业伦理行为失范比较普遍,专业伦理意志不坚定等方面的问题在幼师互动中表现得尤其突出。

第三,幼儿教师专业伦理发展影响因素研究。幼儿教师专业伦理的发展是持续动态的发展过程。幼儿教师的专业伦理发展影响因素,影响、甚至决定着幼儿教师个体专业伦理发展的状态与水平。幼儿教师个体及幼儿教师团体的专业伦理发展与幼儿教育的发展有着密切的关系,如何促进幼儿教师专业伦理发展、更好地提高学前教育水平,成为学前教育界讨论的新课题。要分析、了解、掌握幼儿教师专业伦理发展的影响因素,才能充分利用有利因素,促进幼儿教师专业伦理发展。本研究从宏观、中观与微观角度、内因与外因角度、积极与消极角度分析幼儿教师专业伦理发展影响因素,既总结分析了个案研究的成果,又为行动研究和策略研究奠定了研究基础。总的来看,国外教师专业伦理研究如美国、英国、加拿大、法国、新西兰、日本等国非常注重对教师专业伦理规范的研究,各国也纷纷制订了相应的教师专业伦理规范,为我国教师专业伦理研究提供了重要的借鉴。而我国教育政策法规对幼儿教师专业伦理发展的推动作用越来越显著。来自国家政府与幼儿园等管理部门的政策法律法规支持、经费保障、待遇提升和规范化治理，来自社会文化、媒介和社会地位提升，院校培养和幼儿园在职培训的规范化，幼儿教师专业成长与生活幸福等方面对幼儿教师专业伦理都有着十分深刻的影响。

第四，幼儿教师专业伦理发展行动研究。本研究以浙江省某幼儿园进行深入行动研究，首先对个案幼儿园教师、个案幼儿园家长进行了调查研究，在充分了解教师和家长的情况后展开行动研究，包括幼儿教师个案追踪行动研究、幼儿教师与同事的交往行动个案、幼儿教师与幼儿的互动行动个案、幼儿教师与家长的交往行动个案、幼儿教师教学的家园共育行动个案，特别是疫情开始这一段时间，我们进行了特别时期的家园共育行动研究。研究对幼儿园开展空中课堂的筹备、录制、发布、开展、互动、指导等方面进行紧密的家园共育行动，获得了较大的成功。本部分案例详细、程序规范，有很强的指导性和前沿性。

第五，幼儿教师专业伦理发展策略研究。基于前面的研究基础，本研究提出了相应的建设策略。（1）提升幼儿教师专业伦理认知：增加职前幼儿教师专业伦理培养；强化职后幼儿教师专业伦理培训；提升幼儿教师专业伦理的敏感性；建设有利于幼儿教师专业伦理发展的社会文化支持系统；强化幼儿教师职业角色，提升专业伦理认知水平。（2）强化幼儿教师专业伦理积极情感：幼儿教师职业情感发展是专业伦理情感发展的基础；促进幼儿教师幸福生活实现专业伦理情感发展的前提；实现幼儿教师公正丰富专业伦理情感发展的重要条件；实现幼儿教师关怀推动专业伦理情感发展的必要条件；克服职业倦怠，发展积极教师专业伦理情感。（3）控制幼儿教师专业伦理行为：丰富幼儿教师的师幼互动适宜性策略强化伦理行为；关注幼儿教师自身处理人际关系策略强化伦理行为；制定幼儿教师注册和准入制度，督促幼儿教师规范专业伦理行为；学习相关规章制度规范专业伦理行为。

（4）培养幼儿教师专业伦理意志：建设合理的幼儿园管理组织制度为专业伦理意志发展提供条件；学习相关行为规范锻炼专业伦理意志；建立幼儿教师专业伦理规范的监督、评估与保障机制锤炼专业伦理意志；发展良好的个性心理品质奠定专业伦理意志个体基础。

第一章 幼儿教师专业伦理发展问题研究

幼儿教师专业伦理是幼儿教育伦理的核心内容,是教师伦理研究的重要内容之一,是教育伦理的重要组成部分,是幼儿教师专业化发展的最基本要求,对幼儿教师专业化发展的成熟、学前教育质量的提升都有着不可忽视的重要价值。

一、幼儿教师专业伦理发展研究缘起

(一) 幼儿教师专业伦理失范

马尔库塞在《单向度的人》一书中指出"科学和伦理的不可分割,认为具有一种客观的应然是必要的。因为一切主观的东西都难免会被粉饰为一种只在理论上允许否定的东西,因此,客观的应然与现实状况及其在此之间的批判性思维是不可缺少的。"①近些年来,由于人的单向度化造成了极大部分人们的行为失范,幼儿教师也不例外。这种单向度化发展使得人们盲目追求眼前利益,注重经济效益,对人的心理发展、文化习得、行为发展等内源性生长和表

———————

① 张晓君:师幼互动中的伦理问题研究,杭州:浙江师范大学教师教育学院硕士学位论文,2015 年,第 59 页。

现十分漠视。幼儿教师的失范行为愈演愈烈,甚至出现十分恶劣的"虐童事件",这种残害幼儿的行为造成了幼儿身心的严重损伤,甚至出现生命流失等重大问题。当前幼儿园教师的伦理行为表现实在令人堪忧,从而引发了全社会对幼儿教师专业伦理的关注和思考。

(二)幼儿成长与发展的现实诉求

幼儿教育是幼儿一切智力和非智力发展的启蒙、奠基、关键时期。社会的不断变革和后喻文化时代的到来,也使得幼儿的学习方式发生了根本性变化,并促使教育者转变育人方式。这使得幼儿教师从普通的职业工作人员渐渐蜕变为具有较高素质、较高业务能力的专业人员。幼儿发展的需求、社会发展的需求成为推动幼儿教师不断专业化发展的前提条件,而高质量的学前教育必然是符合幼儿发展需求的,由于幼儿与其他教育阶段的学生相比,"一方面,幼儿缺乏牢固的社会行为判断标准,他们更易于受到教师行为的影响,并在社会生活中模仿应用;另一方面,幼儿的身心发展尚未完成,其身心能否健康发展与幼儿教师教育行为是否规范存在着更加密切的关系。因此,幼儿园教师的专业道德素养就是幼儿园教育赖以存在的生命线。"[1]可见,提高幼儿教师的专业素养,规范幼儿教师的态度行为,发展幼儿教师专业伦理,是促进幼儿健康快乐成长不可或缺的前提条件和必要条件。

(三)幼儿教师专业化发展的现实诉求

现代教育基本理论普遍认为,教育本身是一种道德实践活动,其内在要求教师具备一定水平的道德素养,任何教师在教育活动中都不能不考虑教师道德伦理问题。专业发展的任务有两个:一是提升专业伦理素养,二是提高专业技能。因此,良好的教师专业伦理素养是教师素质的重要组成部分,是幼儿教师专业化

---

[1]　冯婉桢:从"虐童事件"看幼儿园教师专业伦理建设的重要性,《河北师范大学学报(教育科学版)》,2014第1期。

发展的重要内容,是推进幼儿教师专业化发展的重要维度,也是幼儿教师专业化成熟的重要标志。师者,应是"道""器"并重,内外兼修,是幼儿人生的导师,发展的引导者、支持者。"道"即是教师的专业伦理,是引导幼儿成为合格公民,习得良好的社会行为规范、懂得做人做事的道理,能够成为一个健康的、快乐的、拥有良好人际关系的、对社会发展有用的人。

(四)幼儿园发展和教育质量提升的现实诉求

幼儿教师的专业伦理水平直接决定了幼儿园教育质量的水平,因此,加强幼儿园教师专业伦理建设是造就一支师德高尚、热爱幼儿、业务精良、结构合理的高素质专业化幼儿园教师队伍的必然要求和途径,是教育管理的基础性任务,是幼儿园不断发展的重要保障,是提升幼儿园教育质量的根本所在。

(五)我国学前教育事业发展的现实诉求

学前教育对人的一生有着最为重要的影响,并具有人才、政治、经济、文化、社会等方面的宏观价值,其重要性使得学前教育质量成为社会文明程度的重要指标之一。我国社会正处于重大的历史转折期,促进学前教育发展是目前的重要国策。幼儿教师专业伦理研究是促进幼儿教师走质量化发展道路的重要举措。

首先,我国幼儿园教师队伍在数量上存在很大的缺口,为未来幼儿园教师队伍的质量留下了隐患。其次,在 2012 年,我们对六所教育部部属师范大学的教师伦理课程开设情况进行了调查,结果发现只有三所院校正在开设或曾开设过教师伦理课程,并且都没有设置专门的幼儿园教师专业伦理课程。此外,我国幼儿园教师的主要来源是中高等幼儿师范学校和部分中等职业学校或技术学校,这些学校本身又面临着生源质量的困扰。[①] 第三,面对

---

① 冯婉桢:从"虐童事件"看幼儿园教师专业伦理建设的重要性,《河北师范大学学报(教育科学版)》,2014 第 1 期。

严峻的现实与挑战，教育管理部门和教师教育部门对加强幼儿园教师专业伦理建设的重要性还认识不足。

二、伦理与幼儿教师专业伦理基本概念

（一）伦理的意涵

我国早在公元前 5 世纪—2 世纪，就已经有了"人伦""伦类以为理"的相关说法。据考证"伦理"最早见于《礼记·乐记》："乐者，通伦理者也。"伦理意指事物的条理。伦理在《说文解字》中的解释是："伦，从人，辈也，明道也；理，从玉，治玉也。"伦可解释为人伦，是指人与人之间的血缘亲缘关系；伦理，是调整人与人之间血缘亲缘关系的法则、原则、条理、道理，或也可称为一种规范准则，是为"伦类的道理"。① 荀子认为伦理即群道，荀子谓："群道当则万物皆得其宜，六畜皆得其长，群生皆得其命。"②所谓"伦"，即"类""辈"；"理"，则是"纹理""法则"的意思。③ 伦理即人与人之间的相互关系，以其本职、身份适当的态度与行为而施为并达到适宜、恰当的状态。伦理是指人们在各种人际关系、行为关系上立身处世、待人接物应该遵循的规则、规范、法则。

许慎在《说文解字》卷中解："道，所行道也"，本意指人们在世间行走的道路，后引申为万事万物发生、存在、运行、灭亡所遵循的规律或法则，又引申为人们必须遵循的社会行为的准则、规矩、规范、职责等；"德"则通"得"，《论语集注》中说："德者得也，得其道于心而不失之谓也。"④这里道德指人们社会生活中将"做人做事"所应遵循的原则和规范内化为个体人格品质，再进行自觉地

---

① 唐凯麟：《伦理学》，北京：高等教育出版社，2003：2。

② 陈来：《古代宗教与伦理——儒家思想的根源》，上海：上海三联书店，1996。

③ 陈谷佳：《儒家伦理哲学》，北京：人民出版社，2011。

④ 吴光：《中华人文精神新论》，上海：上海古籍出版社，1998：161。

行为释放从而达到既有益于他人和社会,也有利于完善自我人格品质和提升人生境界的精神需要的主体性自我追求行为。①《哲学大辞典》中对道德的解释为:以善恶评价为标准,依靠社会舆论、传统习惯和内心信念的力量,来调整人们相互关系的行为准则和规范的总和。可见,从中国哲学的观点看来,"道德"涉及个人,而伦理则涉及群体。②伦理与道德两者虽密切相关,但是却层次有别。"道德"通常指一个人的人生历程和成果,其中还会涉及与其他人的人伦关系,但主要是针对个人规范之要求,偏重解释行为本身的好、坏、善、恶,指个人精神层面与个人行为的规范与法则,着重的是提升人性之特殊性。而"伦理"强调群体规范,涉及人群生活关系中各种行为的伦理法则和规范行为的原则,并据以检定行为的对错,属于群体规范的实践历程,着重的是发展群体相关性的规范。③

　　在西方,从词源上看,"伦理(ethic)源于古希腊文'ethos',原义是指人们的风尚、习俗、德性等;'道德'(morality)源于古拉丁文'moress',意指风尚、习俗。"④在康德以前,西方的伦理与道德一词是相通的,指道德现象和道德关系及关于这种现象和关系的道理和理论,也指一定社会的基本人际关系规范及其相应的道德原则。在康德以后,德国观念论的哲学家便将"伦理"和"道德"予以区分。谢林曾指出,"道德"只是针对个体的人格规范要求,而且只要求个人达到人格完美,而"伦理"则是针对整个社会规范的要求,并且要求全体社会中每个公民都遵守规范,藉以保障每个

---

① 王小溪:《幼儿园教师专业伦理研究》,东北师范大学博士学位论文,2013:56。

② 陈谷佳:《儒家伦理哲学》,北京:人民出版社,2011。

③ 陈来:《古代宗教与伦理——儒家思想的根源》,上海:上海三联书店,1996。

④ [美]斯特赖克、索尔蒂斯:《教学伦理(第4版)》,洪成文、张娜、黄欣译,北京:教育科学出版社,2007。

人的人格完美。黑格尔亦认为"道德"涉及个人的主观意志,"伦理"则指体现于家庭、社会、国家中的客观意志,称为"伦理生活体系"。①

无论是从中国还是国外的伦理与道德的词源发展来看,伦理与道德的意涵基本上是一致的。对于伦理的概念,有学者认为伦理(Ethics)是指"社会的人所认识和理解的人与自然、人与人、人与自身之间的应然性关系。"②伦理是一种指向群体人际关系的价值规范概念。学者 Campbell E. 也认为:"伦理并不直接代表规范或规则,而是表现为应然性关系,但这种应然性关系中蕴含着规范性要求。"③可以说,伦理规范着社会人在一定范围内的人伦身份关系和应尽责任的法则、规则、原理、规范。伦理是一个十分广泛的概念,既有人类基本的人之为人的伦理,也有不同的职业伦理,如教育伦理、教师伦理、医生伦理、律师伦理等。

(二) 教师专业伦理的意涵

教师伦理是一种专业性的伦理,又可称为教师专业伦理。"专业伦理则强调某专业团体的成员彼此之间或与社会其他团体及其成员互动时,遵守专业的行为规范,借以维持并发展彼此的关系。其主要目的在于对行业声誉的维护、行业利益的保护。"④教师专业伦理是教师在教育教学过程中应该遵守的基本行为规范,包括规范教师基本行为的法则、规则、原则、规范等,用以

---

① ［美］斯特赖克、索尔蒂斯:《教学伦理(第4版)》,洪成文、张娜、黄欣译.北京:教育科学出版社,2007.

② 杨慧琴:我国幼儿园教师职业伦理制度建设研究,重庆:西南大学硕士学位论文,2014:5。

③ Campbell E. *Moral and Ethical Exchanges in Classromms* [J]. Paper Present at the Annual Meeting of the American Educational Research Association, New Orleans, 2000(April):24-28.

④ 王小溪:幼儿园教师专业伦理研究,长春:东北师范大学博士学位论文,2013:67。

规约教师在进行专业活动时对他人的态度与行为。教师专业伦理是教育伦理的最基本、最核心的内容,是教育质量的重要保障,对教师发展和教育发展有着极其重要的价值。

(三) 幼儿教师专业伦理的意涵

1. 幼儿教师专业伦理的意涵

"幼儿园教师专业伦理是教育伦理的组成部分,是学校教育、家庭教育、社会教育领域内一切重要的相关人员在教育教学过程中应该遵循的基本规范和行为准则中包含的内容,是学校教育中幼儿园教师在幼儿园一日生活中应该遵循的基本规范和行为准则。是调整幼儿园教师人际关系的原则和规则,是对幼儿园教师基本人际关系的规范。"① 也有学者把幼儿教师专业伦理定义为"幼儿教师在幼儿园教育教学工作中,所有的教育行为所应遵守的专业伦理行为规范和行事准则。"② 我们可以界定幼儿教师专业伦理是幼儿教师在与幼儿、同事、家长、领导等相关人员相处以及从事职业活动时,应遵守的教师基本专业行为法则、规则、原则与规范。幼儿教师专业伦理用以维持与发展幼儿教师与幼儿、家长、同事、领导等相关人员的社会关系,有利于幼儿教师职业活动的有益发展、维护幼儿教师职业声誉、保护幼儿教师职业利益,是规约幼儿教师的一切行为的法则、规则、原则、规范的体系。幼儿教师专业伦理是以幼儿教师为主体的规范体系,其实践场域是幼儿园,实践途径是幼儿园一日活动(包括幼儿教师在幼儿园工作的所有工作活动内容)。幼儿教师专业伦理只在幼儿教师范围内起作用;它的践行主要依靠幼儿教师的自律,它要求幼儿教师在服务供求及双方责任关系的基础上自觉地遵守专业的伦理规范;

---

① 王小溪:幼儿园教师专业伦理研究,长春:东北师范大学博士学位论文,2013:35。

② 贾萌:专业伦理视角下幼儿教师实施奖励中的问题研究,河北:河北师范大学硕士学位论文,2015:26。

它与幼儿教育的知识、技能、理念等紧密相连。[1][2] 所以,从人际关系来看,幼儿教师专业伦理包括幼儿教师与幼儿关系的专业伦理、幼儿教师与家长关系的专业伦理、幼儿教师之间关系的专业伦理、幼儿教师与领导关系的专业伦理等内容;从心理学认知过程来看,幼儿教师专业伦理包括幼儿教师专业伦理认知、幼儿教师专业伦理情感、幼儿教师专业伦理行为、幼儿教师专业伦理意志等内容。

2. 幼儿教师专业伦理的特点

(1) 约束性

幼儿教师专业伦理是调整幼儿教师人际关系的法则、规则、原则、规范,是对幼儿园教师基本人际关系与工作职责进行规定的体系,具有十分显著的约束性特征,对幼儿教师的言行举止、工作程序等都有强烈的约束性,是规范幼儿教师言行的标准,也是判断幼儿教师言行是否失范的标准。由于幼儿教师专业伦理是针对幼儿教师这一职业人群的,因此,幼儿教师专业伦理是具有普遍性约束力,对任何一位幼儿教师都是具有约束性的。这种约束力是一种人性与职业性的双重规约,主要通过《中华人民共和国教育法》、《中华人民共和国教师法》、《幼儿园教师专业标准(试行)》、习近平新时期四有好老师思想等相关条约与指导思想进行规约,此外,还有幼儿园等教育机构对幼儿教师职责进行具体规约的,以及通过幼儿教师自我约束和相关督促。这里,幼儿教师的自我规约是其核心规约力量。

(2) 专业性

幼儿教师专业伦理仅在幼儿园教师群体范围内起作用,幼儿

---

① 王小溪:幼儿园教师专业伦理研究,长春:东北师范大学博士学位论文,2013:35。

② 张杰:幼儿教师专业伦理困境研究,重庆:西南大学博士学位论文,2015:7。

教师专业伦理的具体规范与幼儿教育特点与要求、幼儿身心发展特点与要求、幼儿教师工作特点与要求紧密相关,具有十分强烈的专业性特征。如,幼儿具有受暗示性强的特点,因此幼儿教师的一言一行、一举一动都必须符合幼儿教育的准则、要求,能够为幼儿树立正面的学习榜样,多采用正面教育的措施等。而幼儿主要通过直接经验进行学习,因此幼儿教师在进行教育教学过程中,以实事直观、模像直观、言语直观、动作直观等方式呈现教育经验,幼儿通过活动进行直接感知、亲身体验、实际操作获取教育性经验,从而获得发展,这是遵守幼儿学习规律的教育伦理的体现,也是幼儿教师遵守幼儿学习规律的幼儿教师专业伦理的体现。

(四) 幼儿教师专业伦理的发展阶段

从心理学的角度来看,人们任何行为过程都存在知、情、行、意四个阶段发展的规律与脉络,立足幼儿教师自身,可以确定幼儿教师专业伦理包括四个认知层面,即幼儿教师专业伦理认知、幼儿教师专业伦理情感、幼儿教师专业伦理行为、幼儿教师专业伦理意志等四个层面。

1. 幼儿教师专业伦理认知

认知是指人们意识并感知外界信息,大脑对外界信息进行接受、加工并进而可能影响或支配人们行为的心理过程。认知心理过程包括感觉、知觉、记忆、思维、想象等具体心理加工方式。西蒙认为人类认知存在三种基本过程,即学习、模式识别、问题解决。认知能力是人脑接受、加工、存储、提取信息的能力。幼儿教师专业伦理认知是指幼儿教师对其专业伦理的意识、认知的心理过程。幼儿教师专业伦理认知存在四种状态,即幼儿教师不知道自己不知道幼儿教师专业伦理、幼儿教师知道自己不知道幼儿教师专业伦理、幼儿教师知道自己知道幼儿教师专业伦理、幼儿教师不知道自己知道幼儿教师专业伦理。

2. 幼儿教师专业伦理情感

情感是人对客观现实的一种特殊反映形式,是人对客观事物是否符合自身需要而产生的主观态度体验。情感是一种持续的心理状态,一般与情绪有着密切的关系,与感觉、思想、行为也密切相关,是心理认知过程的一种形式。幼儿教师专业伦理情感是指幼儿教师对其专业伦理的观念、态度的主观体验。幼儿教师专业伦理情感与幼儿教师的人格品质、人生观、价值观、世界观、儿童观、教育观有着直接的关系,是幼儿教师人格品质、人生观、价值观、世界观、儿童观、教育观在幼儿教育方面的直接反映。

3. 幼儿教师专业伦理行为

行为是由人的思想观念进行支配的外在表现,是人的举止行动。行为与人的动机、行为模式、个性特征等密切相关。幼儿教师专业伦理行为是指幼儿教师在职业活动时的外在举止行动表现。幼儿教师专业伦理行为与幼儿教师专业伦理认知、情感有着直接的关系,一般对幼儿教师专业伦理认知、情感、意志的研究都有对幼儿教师专业伦理行为的研究。

4. 幼儿教师专业伦理意志

意志是人自觉地根据自己确定的目的、目标而支配自身的行为并克服困难实现预期目的、目标的心理倾向。幼儿教师专业伦理意志是指幼儿教师为达成专业伦理目的而支配自身伦理行为,克服困难实现自身伦理目的的心理倾向。幼儿教师专业伦理意志与个人意志品质、个性心理特征、专业伦理认知、专业伦理情感、专业伦理行为等密切相关。

幼儿教师专业伦理的四个阶段,幼儿教师专业伦理认知、情感、行为、意志是相辅相成、互为一体的关系,任何一方面的变化都会引起其他方面的变化。因此,研究幼儿教师专业伦理,应从这四个方面进行。

三、幼儿教师专业伦理发展研究价值

幼儿教师专业伦理研究具有重要的理论价值与实践价值。

(一) 理论价值

1. 丰富幼儿教师专业化发展研究理论

幼儿教师专业伦理是推动幼儿教师专业化发展的一个核心维度之一，也是专业成熟的重要标志。幼儿教师专业伦理规范"能够让人们了解幼儿教师的工作性质、内容及教育理念，使人们信赖幼儿教师的专业行为，从而增强幼儿教师自身的职业认同感，推进幼儿教师的专业化进程。"[①]幼儿教师专业伦理研究促进幼儿教育专业伦理建设的发展，由于教师专业伦理建设是幼儿教师专业发展不可或缺的一部分，其发展本身就可以推动幼儿教师专业化发展的进程。此外，从伦理学视角来说，幼儿教师专业伦理研究丰富了幼儿教师专业发展的伦理维度，为幼儿教师专业伦理研究提供理论依据，有助于丰富并完善幼儿教师专业伦理的理论，[②③④]拓展和丰富幼儿教师专业化的内涵，[⑤]丰富幼儿教师专业化发展研究理论。

2. 巩固幼儿教师专业伦理研究的地位

幼儿教师专业伦理研究是教育伦理、教师伦理研究的分支领域，是教师伦理研究的重要内容，也是教育伦理研究的重要组成

---

① 邓亚玲、阳泽：论幼儿教师专业伦理的重塑，《教育探索》，2015(8)：24—27。

② 王小溪：幼儿园教师专业伦理研究，长春：东北师范大学博士学位论文，2013：4。

③ 陈连孟：幼儿教师专业伦理形成研究，重庆：西南大学硕士学位论文，2013：2。

④ 朱水萍：教师伦理：现实样态与未来重构，南京：南京师范大学博士学位论文，2014：8。

⑤ 张晓君：师幼互动中的伦理问题研究，杭州：浙江师范大学硕士学位论文，2015：4。

部分,幼儿教师专业伦理研究有利于丰富教育伦理的相关理论,促进教师伦理理论研究的深入,其研究的发展可以巩固幼儿教育专业伦理研究的学科地位。

3. 拓展幼儿教师教育研究的领域

教师教育研究包含教师伦理研究,而幼儿教师专业伦理研究是教师伦理研究的重要内容,幼儿教师专业伦理研究拓展了幼儿教师教育研究的领域,为幼儿教师专业伦理过程提供理论指引和经验范式,丰富幼儿教师教育研究成果,促进幼儿教师教育研究学科的发展,丰富幼儿教育伦理的理论研究。

4. 为幼儿教师专业伦理过程提供理论依据

"国内研究多数关注内涵研究、困境研究、体系建设初步研究,研究的范围比较集中且局限,对伦理问题研究的结论也不利于实践和操作,系统化研究也比较少。"[1]幼儿教师专业伦理研究还处于起步时期,其理论建设还不成熟,我们有必要进行系统的研究,这样才能渐渐完善幼儿教师专业伦理研究体系,深入理解和阐释幼儿教师专业伦理现象,解决幼儿教师专业伦理问题。总之,为一切幼儿教师专业伦理过程提供理论依据和指导,为幼儿教师专业伦理相关政策的制定提供理论咨询,使幼儿教师专业伦理现象得到重视和理解。

(二) 实践价值

1. 促进幼儿教师行为规范化和推进幼儿教师专业化发展

幼儿教师专业伦理是幼儿教师规范行为的标准和衡量的依据。[2]当幼儿园工作中出现伦理问题,幼儿教师专业伦理时刻示意幼儿教师调整;当幼儿园工作中出现伦理问题,幼儿教师专业

---

① 张晓君:师幼互动中的伦理问题研究,杭州:浙江师范大学硕士学位论文,2015:4。

② 高明:教师伦理智慧的养成研究,重庆:西南大学硕士学位论文,2013:92。

伦理提供建议性的参考,帮助、指引幼儿教师解决问题;当幼儿园工作中出现伦理问题,幼儿教师专业伦理帮助幼儿教师理解自身责任以及明确自身义务,找到面临伦理两难困境的解决方法。有学者认为"幼儿教师专业伦理建设促进幼儿教师专业化进程,与此同时,专业化发展也让教师专业伦理受到越来越多的重视"[①]。幼儿园教师专业伦理作为规范行为的伦理,建设幼儿教师专业伦理可以防止幼儿园教师言行出现严重过失,保障和促进教师意识、行为、情感、意志更专业化。在幼儿教师专业化的同时也为幼儿教师专业伦理建设提供了对象基础。以及,幼儿教师专业伦理的建设增强幼儿教师专业的可信度,让公众特别是家长知道可以信任幼儿教师的行为。

2. 提升幼儿教师行业水平,为幼儿教师专业伦理规范制定提供实践依据

幼儿教师专业伦理规范是通过幼儿教师自身的伦理实践规定个体应该怎样行事和生活,规范个体在实际中的伦理行为,所以必须构建在对专业伦理建设现状中众多道德事实梳理的前期基础。[②] 幼儿教师专业伦理规范的意义就是规定幼儿教师个体行事和生活的伦理法则;规范和规约幼儿教师个体在实际生活中的伦理行为;指导幼儿教师行为规范化,促进幼儿教师个体专业伦理行为的发展,[③]帮助幼儿教师解决在实际中遇到的伦理困境和问题,提升幼儿教师专业伦理水平。

此外,还有学者提到"幼儿园教师专业伦理有助于提升幼儿园教师的社会地位,包括幼儿园教师的经济收入、幼儿园教师的

① 杨朝军:专业化背景下的幼儿园教师专业伦理之重构,《经济研究导刊》,2014:4。

② 张杰:幼儿教师专业伦理困境研究,重庆:西南大学博士学位论文,2015:4。

③ 王小溪、姚伟:幼儿教师专业伦理规范的历史追寻与现实价值,《现代教育管理》,2013(5):73—78。

社会权利(政治权利、专业性权利、学术性权利)和幼儿园教师的职业声望"①。以及关于"全国教育专业道德规约"——可以说是幼儿教师专业伦理的前身,提高幼儿教师社会地位就是其目的之一。他们认为社会对幼儿教师的尊重程度和幼儿教师的专业伦理成正比,幼儿教师专业伦理建设的普及可以引起社会对幼儿教师的尊敬,引导幼儿教师工作符合规范性要求,从而提高幼儿教师的社会地位,也能打破幼儿教师所处的尴尬局面。

3. 回应幼儿教师专业实践中的伦理困惑,为伦理决策提供支持

随着我国社会的整体转型,市场化的经济、多元化的文化、多样化的思想,都对传统的伦理体系提出了严峻的挑战,幼儿教师专业伦理也面临着重建的问题。伦理问题是教师专业自主与决策中最重要也是最困难的部分,而当代幼儿教师生活体验丰富、多样、多元,其职业伦理价值的混沌、缺失日益突出,②现实生活中越来越多的伦理问题不断对幼儿教育专业化发展提出挑战,甚至出现一些幼儿教师完全背离幼儿教育伦理、幼儿教师伦理的观念与行为,导致幼儿教师行为问题不断升级,引起社会很大的负面反映,对幼儿教育行业发展、幼儿教师专业发展十分不利。通过幼儿教师专业伦理发展研究,关注师幼互动过程中、幼儿教师专业发展过程中出现的两难问题,对实践中有困惑的伦理问题进行价值追问,指导师幼互动行为,切实提升保教质量;帮助幼儿教师更好地理解一日活动中内在的伦理性,提高幼儿教师的伦理实践能力和专业伦理意识;必须从研究幼儿教师伦理规范开始,理论指引实践、实践发展理论,只有幼儿教师专业伦理理论与实践相

---

① 刘天娥、蔡迎旗:论幼儿园教师专业伦理,《幼儿教育(教育科学)》,2014:2—10。

② 李曼:幼儿园教师专业实践中的伦理困境研究,上海:华东师范大学硕士学位论文,2016:19。

辅相成,才能更好地回应现实伦理困惑,促进幼儿教师专业伦理整体水平的提升。因此,构建新的幼儿教育专业伦理体系,是十分紧急而迫切的事情。

4. 保护幼儿身心健康,为教育政策的制定提供参考

王小溪、姚伟(2013)认为幼儿教师需要在平衡各种矛盾中提升自己,以专业的态度和专业的精神保护幼儿的合法权益并做出适宜的教育行动和决策。[①] 在幼儿园期间,幼儿教师有伦理的义务对幼儿的生理和心理健康负责任,来确保幼儿在幼儿园期间不受到伤害。幼儿教师需要根据专业伦理的法则、规则、原则、规范等自动自觉地约束自身的行为,保护幼儿,避免对幼儿造成伤害,保护幼儿的合法权益与地位。[②] 幼儿教师行为作为教育政策内容的组成部分,在各国制定教育政策时离不开对它的研究,而研究教师专业伦理获得的信息是合理制定教育政策的基础。通过幼儿教师专业伦理的研究,从不同视角探索专业伦理中存在的问题,寻找影响幼儿教育专业伦理中的因素,能够从不同的视角发现影响教育中人际关系的主要因素及其相互之间的关系,找出其发展的一般规律和特殊规律,探寻到发展的趋势,从而为制定正确的教育政策提供科学的依据和可供选择的可能方向。[③] 在事实上,关于公平、公正、平等、尊重等幼儿教师专业伦理的内容已经体现在国家相关教育法律法规和政策中,体现在地方政府的相关规定和幼儿园相关规定中。

当然,幼儿教师专业伦理规范本身也具有重要的价值,其能够指引幼儿教师解决在实践中遇到的伦理问题,为幼儿教育相关

[①] 王小溪、姚伟:幼儿教师专业伦理规范的历史追寻与现实价值,《现代教育管理》,2013(5):73—78。

[②] 邓亚玲、阳泽:论幼儿教师专业伦理的重塑,《教育探索》,2015(8):24—27。

[③] 王小溪:幼儿园教师专业伦理研究,长春:东北师范大学博士学位论文,2013:5。

管理部门和幼儿园制定幼儿教师行为规范、工作职责等提供指导与依据，①更可以促进相关管理部门管理水平的提升，解决相应的专业伦理问题。

5. 为管理者提供了管理内容和评价幼儿园教师工作内容的新方向

根据传统理念的幼儿园管理，对幼儿教师的管理专注点主要集中在幼儿教师沟通能力强弱、幼儿教师专业能力强弱、幼儿教师专业知识丰富与否、幼儿教师素质高低等方面，这样的管理既简单、粗暴，也忽视了幼儿教师自身多种因素和幼儿园工作的复杂性，同时也"忽视了教师内隐的伦理标准，隐藏了问题的真正病灶，因此所采取的各种解决问题策略也只是隔靴搔痒，而对伦理困境的关注正是釜底抽薪之策。"②幼儿教师专业伦理规范是通过幼儿教师自身的伦理实践规定个体应该怎样行事和生活，规范个体在实际中的伦理行为。幼儿教师专业伦理规范可以为幼儿园教师的行为提供指导，从教师专业实践中的伦理问题入手，能够更好地帮助管理者认识到伦理建设的重要性，推进师德路径的建设。

6. 促进师德师风建设

早在古希腊亚里士多德时期就提出了对伦理学的见解，"美德是以潜能的形式存在，然后再以现实活动的方式展现出来"，③他认为伦理思想是进行道德教育的理论基础。而传统师德观念仍然在桎梏着当下幼儿教师的师德观念，桎梏着幼儿教师专业伦理的发展，如陈劲草在《幼儿园教师的伦理角色研究》(2016)中指出了幼儿教师专业伦理存在的问题，幼儿教师专业伦理是要

---

① 邓亚玲、阳泽：论幼儿教师专业伦理的重塑，《教育探索》，2015(8)：24—27。

② 李曼：幼儿园教师专业实践中的伦理困境研究，上海：华东师范大学硕士学位论文，2016：21。

③ 吴式颖、李明德、张斌贤等：《外国教育史教程》，北京：人民教育出版社，2015：59。

求幼儿教师以符合伦理的行为对待相关人员的规范，在这种规范下，幼儿园的师幼关系应该体现出平等的伦理内涵，不过，实际情况中威望和服从才是幼儿教师和幼儿之间主要关系类型，这种关系首先体现在幼儿教师以各种手段要求幼儿对自己绝对的服从。[①] 而张杰在《幼儿园教师专业伦理困境研究》（2015）中也提到了这种权威的师幼关系，她认为这种现象出现的原因，主要是幼儿教师有的时候为了达到自己需要的预期目的，或者追求工作的效率和漂亮的结果，忽视了幼儿的生理水平和情感需求，使得幼儿教师难以建构起基于个体意义体验的幼儿教师专业伦理。也许只有当幼儿教师秉持专业伦理，反思自身的权威身份与控制方式，师幼关系才会摆脱权威与服从的机械化循环。[②] 可见，传统师德中的幼儿教师权威性在当下仍然是普遍存在的。传统师德存在广泛的教师权威性话语，幼儿基本没有话语权，其人格也得不到尊重。在现当代人本主义得到推崇、人的权益和自由得到尊重、解放，尊重人性发展等教育理念下，传统师德渐渐为新时代师德师风内涵所取代。师德师风建设与专业伦理是相互促进、相辅相成的关系，因此，建设当下幼儿教师的师德师风与幼儿教师专业伦理密不可分，幼儿教师专业伦理的发展必然促进幼儿教师师德师风的发展。

四、幼儿教师专业伦理发展研究问题

不同的层面表现出来的幼儿教师专业伦理问题也是不同的，为了比较全面地研究幼儿教师专业伦理问题，研究从人际关系角

---

① 陈劲草：幼儿园教师的伦理角色研究，杭州：浙江师范大学硕士学位论文，2016：103。

② 张杰：幼儿教师专业伦理困境研究，重庆：西南大学博士学位论文，2015：99—100。

度和心理学认知过程角度对幼儿教师专业伦理问题进行表述。

（一）从人际关系角度看幼儿教师专业伦理问题

从人际关系分类角度看专业伦理问题包括对他人、对自己的关系、对社会氛围的影响等三个方面。其中，对他人的关系是专业伦理关系中的主要关系，对他人的关系在幼儿园场域中包括对幼儿、对家长、对同事、对领导等这四种主要人际关系，而对幼儿的关系是所有关系中最核心的关系。

1. 对他人关系的伦理问题

（1）与幼儿关系的伦理问题

师幼关系中存在的伦理关系包括权威—服从的师幼互动方式、忽视的师幼互动方式、伦理言行失范、隐私保密失范等。权威—服从的师幼交往方式是指幼儿教师有时为了达到自己的预期目的，追求工作完成的效率和结果，忽略、忽视了幼儿的需求，不仅体现在幼儿教师通过各种手段要求幼儿对自己绝对的服从，还体现在师幼互动中存在的语言、身体伤害等方面。忽视的师幼互动方式是指幼儿教师不与幼儿交流、在幼儿主动发起的交流过程中无视幼儿观点、意见，一切以自我为中心的专业伦理人际关系。在师幼互动中，幼儿教师开启的伦理事件远多于幼儿，而且幼儿教师往往会采取拒绝的态度去应对幼儿开启的互动。[①] 在教育教学过程中存在的伦理问题包括对幼儿权利的忽视、对知识技能过度注重等等漠视幼儿发展需求的情况。幼儿园教师应该保障幼儿的基本权利，与幼儿建立一个平等、民主、协商的师幼关系。而在现实教育教学过程中，高度控制的情况是很普遍的，幼儿教师无视幼儿的意见和建议，只要求幼儿服从于自己的教育安排即可，这种过度强调规则、秩序，过度重视教师的计划和安排，

---

① 刘晶波：《社会学视野下的师幼互动行为研究——我在幼儿园里看到了什么》，南京：南京师范大学出版社，2006：94—95。

无法调动幼儿的积极性和主动性,无法发挥幼儿主体性,更无视幼儿的兴趣,幼儿的个体差异和需要得不到满足,也就没有可能做到以幼儿发展为本了。

(2) 与家长的伦理问题

家长和教师都是以促进幼儿获得更好的发展为共同的主题,但是由于家庭与幼儿园的环境氛围不同,教育观念、教学水平、教育风格、具体操作、个性特征等的不同,很容易使双方出现较大的伦理冲突与矛盾,给教师带来了诸多伦理上的困难,[①]还可能存在利益困难下出现幼儿家长送礼、幼儿教师收礼的情况,这类幼儿教师在与幼儿互动时也常常出现资源倾斜的情况,这些情况都对幼儿教师专业伦理的发展带来了现实的困难,同时给幼儿教师带来了一些负面情绪与观念。这个时候就需要幼儿教师克服负面情绪、端正自己的态度,和家长协调一致,形成家园协商共育的局面。幼儿教师既需要尊重家长,告知家长幼儿的在园表现情况,帮助家长全面了解自己的幼儿,又要根据家长给予的关于幼儿的在家信息更好地开展教育教学。[②] 但是因为双方对幼儿的行为参考基准不同,家长会对教师的客观描述产生误会,在评价幼儿上面产生了分歧,这也不利于教师与家长关系的良性发展。

(3) 与同事的伦理问题

在忠诚困境下,幼儿教师是对幼儿还是对同事负责,也会造成伦理困扰。教师作为社会分工的一员,不仅扮演着"教师"的身份,还有"同事"的身份。一种情况是幼儿教师发现同事行为不合理,但是陷入是对同伴保持忠诚还是维护幼儿权益的伦理困境中去,难以抉择。幼儿教师面对同事的不道德行为时,更多地是不

---

①　李琰:义务教育阶段教师专业实践中的伦理困境研究,重庆:西南大学博士学位论文,2014:51。

②　李曼:幼儿园教师专业实践中的伦理困境研究,上海:华东师范大学硕士学位论文,2016:63。

干预、不批评、不揭发的潜规则,即使这可能会损害幼儿的利益。所以,张杰(2015)认为幼儿教师需要足够的勇气和道德责任感去制止,并为此承担许多后果。[①] 可能存在亲密关系困境下,出现另一种情况,如同事的孩子在自己的班上,这部分幼儿的家长对自己来说不仅是幼儿家长,还是同事。那么对这个幼儿的关注度、资源是否存在倾斜就会给同事间的关系产生极大的影响。

幼儿教师与同事在合作中常常出现合作流于形式、交流意愿不强、个人主义等误区,想要合作不容易。作为竞争者,大多是绩效评定的奖惩、薪酬、晋升,以及有限资源的分配等问题,使得幼儿教师在处理与同事的关系时难以把握。

(4)与领导的伦理问题

幼儿园行政人员管理层有权力对教师进行职称评定推荐、奖优惩劣、工资绩效,有权利对内部各种资源进行分配,如工作安排、发展机会、岗位待遇等,并且通过对教师工作的评价和调控教师的绩效工资等手段全方位地控制教师。当幼儿教师面对着管理层领导做出有违幼儿权益的决定时,这种幼儿与领导者不同利益之间的伦理困扰,使得幼儿教师必须在教育管理者利益或幼儿利益先后顺序上做出选择。在实际境遇中,这种伦理困境常常使得幼儿教师漠视幼儿权益,致使幼儿的个人需要得不到很好的满足。

2. 与自己的伦理困境

张地容、杨晓萍(2014)认为:"随着《幼儿园教师专业标准(试行)》颁布以来,各个地区与幼儿园都在组织教师学习其中的深刻含义,但这种做法也使得幼儿教师专业伦理理念也与伦理行为发

---

① 张杰:幼儿教师专业伦理困境研究,重庆:西南大学博士学位论文,2015:61。

生了断裂,没有做到理论与实践的有效联接。"①"在伦理决策过程中,教师所持有和信奉的个人价值观发挥着重要作用,影响着他们的价值判断和选择。对待同一个伦理问题,不同的教师会有不同的价值取向,进而表现出不同的行为方式。价值观对行为的影响是根深蒂固的,有时甚至超越理性的伦理思考的结果。"②这种理论与实践的断层,使得幼儿教师在专业决断上陷入困境,并进而影响幼儿教师专业伦理的发展。

3. 社会舆论与氛围

当今社会舆论和氛围对幼儿教师造成的伦理困境主要表现为三类:第一类是社会对幼儿教师的道德期待过高;第二类是对幼儿教师工作的严重低估;第三类是对幼儿教师的极度不信任。传统的师德对幼儿教师的要求极高,如果按照传统教师道德对幼儿教师进行要求,会给幼儿教师带来沉重的道德负担;与此同时,这些传统的道德观念也在实践中影响幼儿教师的行为。徐浩斌(2012)认为:"由于教育对象的'低龄性'和教育内容的'启蒙性',人们容易把幼儿教师的劳动视作'简单劳动'。对幼儿教师工作的误读严重影响了幼儿教育的发展和幼儿教师的专业形象。"③幼儿教育是基础教育的重要组成部分,是学校教育的起始阶段,是终身教育的开端,是人生中最重要的时期之一,但是常常被人们忽略。幼儿教师是以幼儿为服务对象,需要根据幼儿期独特的年龄特征和发展规律开展保教合一的工作。体力和脑力的双重付出对于幼儿教师来说他们的责任和作用就显得更加重大。社会

---

①　张地容、杨晓萍:论幼儿园教师专业伦理的实践困境与路径选择,《中国教育学刊》,2014(5):99—102。

②　周坤亮:教师专业伦理决策研究,上海:华东师范大学博士学位论文,2016:7。

③　徐浩斌:关于幼儿教师专业伦理建设的思考,《中国教育学刊》,2012(5):80—83。

的风气也是很重要的,要在社会生活中形成一种尊师重教的主流风尚,提高幼儿教师的专业地位,使幼儿教师感受自身专业的光荣使命感和尊严感,激发他们爱业、敬业、乐业的良好积极品质,从而促进幼儿教师专业伦理的形成和发展。

(二)从心理认知过程角度看幼儿教师专业伦理问题

根据幼儿教师专业伦理认知、幼儿教师专业伦理情感、幼儿教师专业伦理行为、幼儿教师专业伦理意志等四个层面,幼儿教师专业伦理发展存在问题主要表现为幼儿教师专业伦理认知欠缺、幼儿教师专业伦理情感淡漠、幼儿教师专业伦理行为失当、幼儿教师专业伦理意志不足等。

1. 幼儿教师专业伦理认知欠缺

(1)幼儿教师队伍整体专业基础薄弱,专业伦理认知欠缺

"从专业伦理的地位可以看出其在幼儿教师专业中的重要性,然而当今社会我国幼儿园教师群体虽然已迈入了专业化发展道路,但缺少具体可操作的专业伦理标准来协调和规范群体内部的行为,未能对教师在日常专业生活与实践的伦理问题及伦理困境进行应有的重视。"[①]"这种教师专业化的缺损是由专业伦理的缺失导致的,并且直接影响了师资的品质进而影响了教育的品质。"[②]一是人们没有认识到幼儿教师专业伦理的重要性,二是幼儿教师自身专业伦理认识也很模糊。如:幼儿教师认知水平不高主要表现为对伦理内涵的认知问题、个体认知水平不高、专业伦理知识不足等。幼儿教师对伦理内涵的认知问题主要表现在认知的模糊或者错误。张杰(2015)在她的调查中也发现只占三分之一不到的幼儿教师反映自己学习过专业伦理知识,大部分都表

---

① 李曼:幼儿园教师专业实践中的伦理困境研究,上海:华东师范大学硕士学位论文,2016:20。

② 邓亚玲、阳泽:论幼儿教师专业伦理的重塑,《教育探索》,2015(8):24—27。

示从来没有修过相关课程。对于这些基本没有学过专业的伦理知识、不具备伦理认知的幼儿教师，就会在具体的实践中产生伦理困惑。幼儿教师必须具备足够的专业伦理知识用以服务幼儿的学习，只有如此，才能够解决幼儿在实际的教学过程中的困难。根据受到传统"师德"的影响，大多数幼儿教师将幼儿教师专业伦理和幼儿教师专业的知识和技能、科研等方面等同起来，有的幼儿教师认为专业伦理就是不做不道德的行为，甚至有的幼儿教师不知道专业伦理，这些都是对专业伦理的浅显的模糊的认知。系统的专门的师范教育下习得具有具体的、明确指向的、不可替代的专业素养对幼儿教师来说十分重要，但在现实生活中职业学院幼儿教育专业大专学历即可，且非师范生的大学生也可以通过考试获取资格证，这会导致在幼儿教师队伍中对幼儿教师的学历要求低、专业认同度低、个体认知水平低、整体专业素养低，所以幼儿教师队伍整体专业性发展基础十分薄弱，专业性发展层次低，进而导致伦理困境普遍存在。

（2）幼儿教师普遍处于基本生存层面，专业伦理认知欠缺

根据马斯洛地需要层次理论可以看出，处于不同生存状况的幼儿教师对环境状况的分析判断不同、自我发展需求不同、自我调控能力也不同。幼儿教师普遍处于基本生存层面，发展的需求并不强烈。而且，我国幼儿园水平差距也是十分巨大的，高端幼儿园少，低端幼儿园多；普惠性公办园多，私人办园也多。基于幼儿园发展的基本现实，不同的幼儿园对于不同发展层次的需要强弱也是不同的，特别是近几年来幼儿园的开办数量发展迅速，不规范办园、为求暴利办园的现象比比皆是，这些幼儿园仅仅是为了眼前的利益，与幼儿教师专业发展的要求与利益紧密相关，一方面导致幼儿教师专业性发展可能存在非规范性、非正常化，另一方面导致幼儿教师专业伦理也是完全围绕幼儿园利益服务。

（3）幼儿教师心理不健康，专业伦理认知欠缺

根据张晓君（2015）调查可知，大多数园所没有为幼儿教师设立专门的心理咨询室，基本没有专业的心理咨询老师，也很少针对不同幼儿教师的具体个性与心理情况定期开展疏导工作。[①] 幼儿教师心理疏导机制的缺乏使得幼儿教师在工作中积累的消极情绪无处释放，更没有精力和精神动力进行专业伦理相关理念的学习，专业伦理认知欠缺，同时消极情绪常常暴露在工作过程中，特别是师幼互动中，从而造成更多的伦理问题。

（4）职前职后幼儿教师培育专业伦理缺失，专业伦理认知欠缺

一方面，职前的阶段是专业伦理建设中专业伦理意识发展的最基础也是最初的阶段，是提升专业伦理认知最好的时期。这要求培养幼儿教师的师范院校必须积极主动教授、提升幼儿师范生的专业伦理认知，更要加强专业伦理教育。因为只有在具备专业伦理认知的基础上，幼儿师范生在进入实际教学活动操作中，才能对自身的伦理责任与义务有更为明确的定义，强化责任感和职业使命感。

另一方面，幼儿园也缺乏对幼儿园教师专业伦理的培训，反而更在意对幼儿园教师教育技能和水平的培训，希望以此来增强幼儿教师在教育实践活动中的表现能力。除此之外还缺乏对幼儿教师专业伦理行为的评价和监督。在各类在编幼儿教师中，幼儿教师评价制度更关注幼儿教师的学历、知识及教学技能，忽视、甚至无视幼儿教师的专业伦理素养。缺乏对幼儿教师专业伦理素养相关的评价和监督制度，会导致幼儿教师专业伦理认知欠缺。

---

① 张晓君：师幼互动中的伦理问题研究，杭州：浙江师范大学硕士学位论文，2015：35。

2. 幼儿教师专业伦理情感淡漠

(1) 幼儿教师信仰缺失导致专业伦理情感淡漠

在如今这个开放的现代社会,一些不良主义与思想的滋生和蔓延势必会给幼儿教师带来伦理价值观的冲击,使得幼儿教师放弃自身的专业理想,没有教师信仰,缺失专业情感,更谈不上专业伦理情感了,所以在面对专业伦理问题时,只为了谋求个人的利益,枉顾幼儿发展需求。而当幼儿教师的个人利益位于所有利益的首位,那么,其他各方的利益特别是幼儿的利益势必会受到极大的损害。张杰在《幼儿园教师专业伦理困境研究》(2015)中对幼儿园教师专业伦理所处困境提到了关于社会氛围的分析"现代社会氛围鼓励张扬自我和个性自由,一定程度纵容了任意态度,以至于一切都可以做了,以至于所有的规范都正在被消解。"①可见我们常常在新闻里看到的各类幼儿教师虐童现象并非只是典型现象,而是普遍存在的现象,这导致社会、家长给幼儿教师一个充满压力和不信任的氛围。当然,个人利益至上引发的突出性问题是少数的,但并非不普遍存在没有揭露的非突出性个人利益至上的现象,这些幼儿教师没有信仰、专业伦理情感缺失、言行随性,导致严重后果和影响,伤害的不仅仅是幼儿、家长,更伤害了同为幼儿教师的工作态度和情感以及社会对待幼儿教师的看法和态度。

(2) 幼儿教师职业倦怠导致专业伦理情感淡漠

幼儿教师一天要保教二三十名甚至更多的幼儿,面对日复一日的繁忙、琐碎的工作,幼儿教师很容易产生负面情绪,从而对职业产生倦怠感,在面对专业伦理问题时情感麻木。此外,幼儿教师地位低、社会认同度低、工资待遇低等这些都导致幼儿教师对待工作只求得过且过、专业伦理情感淡漠、对待幼儿情感麻木等

---

① 张杰:幼儿教师专业伦理困境研究,重庆:西南大学博士学位论文,2015:9。

现象的出现,因此,如何排遣消极情绪重获对工作的热爱是专业伦理情感建设的重中之重。积极的专业伦理情感来源于积极的人生观、世界观、价值观,积极的生活态度,高尚的生活信仰,积极的专业情感。社会地位提高、工资增长、专业信仰树立、工作氛围健康、人际关系和睦等都能提升幼儿教师自身的专业认同,克服职业倦怠,在工作中更尊重幼儿、家长、同事、领导,尊重自身言行所产生的后果。积极的专业认同与专业发展期望能够培养深厚的专业伦理情感,增强教师专业自信、坚定专业信仰、凸显自我专业价值,为教师专业伦理情感的发展奠定良好的基础。

3. 幼儿教师专业伦理行为失当

(1)职前职后专业伦理培养缺失,导致专业伦理行为不当

学前教育是一个充满了伦理选择的领域,在这一领域幼儿教师不仅需要时刻修身自省、提升教学技能、完善人格,而且需要处理与外部世界的各种利害关系。此外,幼儿教师还必须在各种矛盾关系中权衡,在现实教育生活中以专业的态度和精神做出教育行动和决策。①② 同时,因为现在的幼儿园缺乏对幼儿教师专业伦理的实践培训,在幼儿教师职前活动中没有足够重视师德的问题,部分幼儿教师没有切身体验处理各种伦理情境下的问题,缺少解决问题的技巧和实践智慧。在职后培训的内容中没有体现出幼儿教师专业伦理行为指导的部分,使得大部分幼儿教师不理解专业伦理知识,没有意识到或不注重幼儿教师专业伦理行为,无法运用在教学实践中,更不可能有意识地以幼儿教师专业伦理行为引导幼儿。

---

① 王小溪、姚伟:幼儿教师专业伦理规范的历史追寻与现实价值,《现代教育管理》,2013(5):73—78。

② 王小溪:幼儿园教师专业伦理研究,长春:东北师范大学博士学位论文,2013:5。

（2）幼儿教师无法做好角色定位，专业伦理行为失当

在幼儿园保教过程中，幼儿教师需要处理好与幼儿、家长、同事、领导、社会等各种关系，随时都面临着复杂的伦理选择。[①] 在幼儿园中常见的人际困扰包括与家长之间的伦理问题，与同事之间的伦理问题等，其中幼儿教师与幼儿、与同事、与幼儿家长建立的伦理关系尤为重要。但现实中家长与教师之间存在着"责任转移"的现象，朱水萍（2014）研究发现在农村的学生家长大多对孩子教育不重视，但在城市的学生家长却过度重视对孩子的教育。[②] 所以当幼儿教师的想法与家长的要求有冲突时，家长的行为有可能过多干预到幼儿园的教育，甚至对幼儿教师提出一些不合理的要求。不同教育理念和幼儿教师信念间的差异是成为幼儿教师伦理困境的潜在因素。[③] 同事之间因为顾忌，害怕误解，不易于今后的合作，所以当同事在保教活动中做出不合理的行为，教师也会尽量避免承担职责，以维持和谐的人际关系。即使遇到有关幼儿利益的问题，幼儿教师也会有所顾忌。幼儿教师在幼儿园情境中，她们的决策更多是一种行为，是下意识的反应而不是思考后的行为。比如幼儿教师有时候提高嗓门对幼儿讲话、凶狠的表情面对幼儿，或者说一点儿不太适合的讽刺的话等得到的直接效果就是幼儿听话了，结果就是幼儿教师习惯使用不符合幼儿教师专业伦理行为方式只为了某一短暂性目的。

幼儿教师作为专业伦理决策的执行者，在选择专业伦理方案时很大程度上受到个人的人格完善程度及其对他人品格或行为的意识、理解、预判、评价的影响。个人专业实践行为中的伦理决

---

① 邓亚玲、阳泽：论幼儿教师专业伦理的重塑，《教育探索》，2015(8)：24—27。

② 朱水萍：教师伦理：现实样态与未来重构，南京：南京师范大学博士学位论文，2014：84。

③ 陈连孟：幼儿教师专业伦理形成研究，重庆：西南大学硕士学位论文，2013：20。

策会受到幼儿教师自身观念、教育理念、儿童观、个性心理特征、情绪情感状态、个人经历等多方面因素的影响。特别是对于伦理问题,很多幼儿教师虽然着力于采取客观的解决方法与手段,但也不可避免地会受到主观意愿的影响,做出不理智的、不符合自身职业要求的行为。

(3) 传统师德观念的桎梏,幼儿教师专业伦理行为失当

李曼的《幼儿园教师专业实践中的伦理困境研究》(2016)中指出"传统的师德由于来源缺乏更为广泛的代表性,具有着尊贵化的倾向。同时,由于个体经验的零散性、异质性,使我国传统师德缺乏自身的完整性和系统性,因而也就没办法保障幼儿园教师行为的伦理性。"[①]源于传统师德的传统教师行为多推崇棍棒等体罚教育,教师权威至上,特别是在师幼互动中强调幼儿教师的威严、一言堂等,这种教师教育行为导向无形中造就了高高在上的幼儿教师,尊贵化的幼儿教师形象不利于教育的发展,也不利于幼儿与幼儿教师互动行为的良性发展。此外,社会对教师形象的过度高大化也为幼儿教师带来很大的精神负担。如有人认为教师就应该是两袖清风的,幼儿教师能够保障基本生活就可以了,这是很不人性的,这种巨大的精神压力也常常使部分信仰缺失或不坚定的幼儿教师专业伦理行为失当。规范幼儿教师专业伦理行为,使幼儿都能够获得良好的互动体验,让每个幼儿教师都能享受到职业幸福。[②] 既不能尊贵化幼儿教师形象,也不能在现实中贬低幼儿教师地位。只有这样关注幼儿教师的专业伦理行为的发展,关注行为细节中蕴含的价值问题,对实践行为中有困惑的问题进行价值追问,不断规范幼儿教师专业伦理行为,才能有

---

① 李曼:幼儿园教师专业实践中的伦理困境研究,上海:华东师范大学硕士学位论文,2016:27。

② 张晓君:师幼互动中的伦理问题研究,杭州:浙江师范大学硕士学位论文,2015:4。

利于实现师幼双方的共同成长,并共享幸福。

(4) 缺乏幼儿教师行为评价和监督机制,专业伦理行为失范普遍化

幼儿教师专业伦理行为评价和监督机制,是幼儿教师专业化发展机制中的重要组成部分,应体现幼儿教师崇高的专业伦理理想,并切合幼儿教师专业伦理实践,细化幼儿教师专业伦理行为。但是就目前而言,我国幼儿教师专业伦理规范制定的机制自身仍存在问题,一方面没有专门针对幼儿教师这个专业制定的专业伦理规范,而幼儿园中的幼儿教师伦理规范体系条例纷杂且很多没有理论依据,不符合当代教育实际与教育理念的要求,[①]另一方面基本以幼儿园利益为前提进行幼儿教师行为规范,与幼儿教师专业伦理行为的发展并不十分契合。在缺失幼儿教师专业伦理行为规范的基础上,相关部门也没有建立起有效的针对幼儿教师专业伦理行为的评价和监督机制,对幼儿教师的伦理行为缺乏一个相应的指标进行解释,使得幼儿教师在遇到“伦理两难”以及超越底线的行为时,求助无门或者求助对象无解等现象。一些幼儿教师可能学习老幼儿教师的处理方式,一些幼儿教师直接忽视这些失当行为带来的后果,幼儿园也可能循惯例处理等情况。幼儿教师失当行为也可称为幼儿教师专业伦理行为失范。美国社会学家杰克·D. 道格拉斯等人认为“失范行为是特定社会群体中的个体在判断违反准则或价值观时所产生的一切思想、感觉或行动”[②]。所以,幼儿教师专业伦理行为失当、不合理、不规范也属于失范行为,可称之为专业伦理行为失范。

[①]　钟瑞:幼儿园教师专业伦理观念与行为的现状研究,杭州:浙江师范大学硕士学位论文,2013:40。

[②]　[美]杰克·D. 道格拉斯、弗兰西斯·C. 瓦克斯勒:《越轨社会学概论》,张宁、朱欣民译,河北:河北人民出版社,1987:37。

4．幼儿教师专业伦理意志不足

由于学前教育这一行业的特殊性，幼儿园教师的言行举止不同于一般的职业。她们不仅仅传授幼儿知识经验，并且对幼儿习惯养成、个性形成、人格形成与发展也会产生很深远的影响。因此，朱水萍《教师伦理：现实样态与未来重构》分析幼儿教师伦理现状与幼儿教师伦理未来的研究中特别强调"需要幼儿园教师经过系统的师范教育，逐步变成具有专门性、指向性和不可替代性的专业素养。"①但是随着二胎政策的放开，近年来对学前教育需求的增加、幼儿园的数量增长，直接导致没有足够的幼儿教师。为了满足解决眼前的需要，许多幼儿园为尽快招收到幼儿教师而降低了幼儿教师的门槛。不具有专业素养以及专业培训的幼儿教师进入岗位，更无处可谈对专业伦理的认识，也就从根本上缺乏专业伦理意志。同时，幼儿教师专业伦理意志不足反映了幼儿园的管理有很大的问题，无规范化、无序化，甚至无视幼儿教师的失范言行，导致这一结果的产生。意志指的是"决定达到某种目的而产生的心理状态，常以语言或行动表现出来"。幼儿教师专业伦理意志是幼儿教师自主自觉和坚持按照幼儿教师专业伦理行为规范要求行事的心理倾向，只有幼儿教师具备自我行为管理意志，才可能真正遵守幼儿教师专业伦理的法则、规则、原则和规范，也才可能真正提升幼儿教师专业伦理水平。

---

① 朱水萍：教师伦理：现实样态与未来重构，南京：南京师范大学博士学位论文，2014：69—70。

第二章 幼儿教师专业伦理
发展个案研究

研究设计通过师幼关系中的专业伦理问题研究和教师专业伦理发展四个阶段(幼儿教师专业伦理认知、情感、行为、意志)等这两个方面对幼儿教师专业伦理的发展问题进行探讨,力求以实证的态度对幼儿教师专业伦理进行深入研究。

一、师幼专业伦理关系研究与分析[①]

师幼关系是幼儿教师在幼儿园中最重要、最核心、最基础的人际关系,是幼儿园学习生活中影响幼儿发展的最主要关系。师幼关系是幼儿教师与幼儿在幼儿园一日生活中,是通过相互肢体动作或表情、语言等形式而逐步形成的一种人际关系,是幼儿园人际关系中最不可或缺的部分,是幼儿教师专业伦理中最重要的一种伦理关系。师幼互动是幼儿教师和幼儿之间发生的人际互动,是幼儿园所有活动的过程与表现,师幼互动是师幼关系在实践中的表现,师幼关系是师幼互动的结果。幼儿教师专业伦理根据伦理关系维度可以划分为幼儿教师与幼儿之间的关系、幼儿教

---

① 本研究由浙江省嘉善县杜鹃幼儿园万丽霞老师完成。

师之间的关系、幼儿教师与幼儿家长的关系、幼儿教师与领导之间的关系等。因此,从专业伦理视角对师幼互动展开研究,关注幼儿园一日生活中的师幼互动中存在的伦理问题,分析影响伦理问题的因素,有利于幼儿教师发展高质量的师幼互动,建设良好的师幼关系,为幼儿教师提升专业伦理水平与专业伦理实践能力提供借鉴。

(一) 师幼互动中伦理问题研究设计

1. 自然观察法

"观察是研究的基础。无论我们是决定远远地观察(尽可能少地打扰观察对象)还是决定做一个标准的参与型观察者(直接接触被观察者或被观察行为,程度不同而已),又或者是两者之间,了解我们在寻找什么、如何理解我们的观察、如何描述以便日后进行反思,这些对于学者都非常重要。"[1]对研究问题的探究方式取决于研究者们想要解决、回答的问题的类型。本研究选择自然观察法,一方面是基于伦理问题是一个敏感性很高的问题,一方面是基于幼儿在师幼互动中的特殊位置。因为幼儿是弱者,既没有意识也没有能力表述师幼互动中个体的感受,也没有意识和能力采取相应的应对措施。因此,运用自然观察法力求真实客观呈现师幼互动中的真实情境,理解师幼互动中存在的伦理问题,尝试解释伦理问题产生的原因,并提出切实可行的建议。所以对师幼互动中存在的伦理问题的收集是否能够客观真实就显得尤为重要,这是研究得以展开的基础。对幼儿教师或其他人员进行访谈或问卷调查收集到的只能是对受调查者本身而言主观的、片面的看法,而研究者期待收集到的数据是客观真实的、不加言语来修饰的,所以由与研究双方不具备任何利益联系的研究者对幼儿园一日生活的客观观察中收集到的数据能在很大程度上保证

---

[1]　[美]玛丽·路易丝·霍莉、乔安妮·M.阿哈尔、温迪·C.卡斯滕:《教师行动研究》,祝莉丽等译,北京:中国人民大学出版社,2014:100。

数据的客观性。所以本研究采用的最主要的研究方法是自然观察法。

　　研究选择了研究对象幼儿园中的全体幼儿 182 人和全体教师 15 人进行观察,小中大班各观察 1 个月,记录从幼儿入园8：00 至幼儿离园 16：00 的整个幼儿园一日生活中发生的能够体现幼儿教师专业伦理问题的师幼互动行为。本研究选择的观察记录表格主要是在参考刘晶波(2006)根据师幼互动的发起者与师幼互动主题的不同修改的,同时还参考了张晓君(2015)根据她的研究结果制定的伦理底线条例。研究者观察师幼互动中触发幼儿教师专业伦理问题的事件,并对伦理事件进行客观、详细地记录。(详见附录 1)

　　最后一共收集到真实数据 83 件,共涉及幼儿教师 14 人,幼儿 47 人。其中 12 名幼儿教师是一线教师,1 名保育教师,1 名副园长;小班幼儿 17 人,中班幼儿 15 人,大班幼儿 15 人。结合刘晶波老师对师幼互动划分的四种类型,对收集到的伦理问题进行分析,划分为幼儿教师不尊重幼儿、幼儿教师不公平对待幼儿、幼儿教师言行失范等三个方面展开,根据类型的不同,结合相应具体的伦理事件,分析具体存在的问题。

　　2. 半结构式访谈法

　　访谈法是研究者通过与调查者面对面地进行交流、讨论进行搜集资料的一种方法。定性访谈“是根据大致的研究计划在访问者和受访者之间的互动,而不是一组特定的、必须使用一定的字眼和顺序来询问的问题。……定性访谈就是在本质上由访问者确立对话方向,再针对受访者提出的若干特殊议题加以追问。理想的情况是由受访者负责大部分的谈话。”[①]访谈法根据受访者的

---

　　① ［美］艾尔•巴比:《社会研究方法(第十一版)》,邱泽奇译,北京:华夏出版社,2009:304。

回答,可以更好地了解幼儿教师内心深处的想法,主观假设得到验证或者修正,可以帮助更好地探索发生在师幼互动中伦理问题的影响因素,有助于深入理解、探究和研究相关议题。

访谈法中的访谈提纲是在参考大量硕博论文中与师幼互动的伦理研究相关的访谈提纲的基础上,通过信效度检验,最终制定了半结构性访谈提纲,访谈过程遵循定性访谈原则,尽量引导受访者主动谈论。只就比较有代表性的问题对研究对象园所的幼儿教师进行访谈引导,问题包括了幼儿教师对幼儿教师专业伦理的认识、园所对幼儿教师专业伦理的重视程度、师幼互动中较常见的伦理困境以及影响伦理决策的可能因素等几个方面。

本研究运用访谈法选择的对象是研究者所选园区的 12 位一线女性幼儿教师(该园区无男性教师),其中包括在编 10 人,非在编 2 人,其中成长型教师 9 人,专家型教师 3 人,本科 10 人,专科 2 人。访谈者与受访者经过一段时间的熟悉后,研究者对该园的幼儿教师有了大致的了解,然后借助幼儿午间休息的时间对受访幼儿教师展开访谈。先说明本次访谈的主题、大致内容与保密措施,然后随机就相关问题对教师进行半结构式访谈,以期得到较为真实的数据。

对访谈内容的分析主要按照幼儿教师回答的第一手资料进行划分,按照维度的不同探索影响幼儿教师专业伦理问题因素(附录 2)中幼儿教师自身的原因(题目 1、2、6),幼儿园方面的原因(题目 4、5、7),国家方面的原因(题目 3)等,同时结合研究者在幼儿园生活中与幼儿教师的实际交往,使得本研究对原因的分析有实际数据的支持。

(二) 师幼互动中伦理问题事件统计与分析

1. 师幼互动中伦理问题事件统计

(1) 师幼互动中伦理问题事件的描述统计

从师幼互动发起者不同来看,师幼互动的开启可以分为幼儿

教师开启的师幼互动和幼儿开启的师幼互动。以下是总体分布
状况：

表 2-1 师幼互动中伦理问题事件统计表

	教师开启的师幼互动 伦理问题事件	幼儿开启的师幼互动 伦理问题事件
次数	58	25
百分比	69.9%	30.1%

研究者对浙江省湖州市吴兴区某幼儿园某园区进行为期 3
个月的观察，针对观察到的师幼互动中发生的伦理事件进行详细
的记录，最后共得事件数据 83 件：由幼儿教师开启的师幼活动伦
理问题事件有 58 个，占比约 69.9%；幼儿开启的师幼互动伦理问
题事件有 25 个，占比约 30.1%。由此可以看出：虽然幼儿教师
和幼儿都可以作为施动者发起一个师幼互动的事件，但是幼儿教
师开启的师幼互动伦理问题事件远比幼儿开启得多，幼儿在师幼
互动伦理问题事件中主要作为受动者被动接受幼儿教师开启的
可能是不符合幼儿教师专业伦理的师幼互动。

（2）师幼互动中伦理问题事件的类型统计

针对本次研究获得的 83 个事件数据，研究者在结合刘晶波
老师对师幼互动类型分类的基础上，参考以往学者的分析，将师
幼互动中的伦理问题划分成为幼儿教师不尊重幼儿、不公平对待
幼儿、幼儿教师言行失范等三种类型的伦理问题事件。接下来研
究者将收集到的师幼互动中的伦理问题事件进行分类统计分析。
其中幼儿教师不尊重幼儿的伦理问题事件占比 30.67%，幼儿教
师不公平对待幼儿的伦理问题事件占比 20.96%，幼儿教师言行
失范的伦理问题事件占比 48.37%。由此可以看出：师幼互动中
发生的伦理问题事件较多表现为幼儿教师的言行失范，其次是不

尊重幼儿,没有平等对待幼儿的伦理问题事件占比相对较少。

（3）师幼互动中存在的伦理问题分析

你是否见过幼儿教师面对一间教室里吵闹的孩子就惩罚了平时"刺头"的几个孩子？你是否见过幼儿教师就顾着自己聊天,无视幼儿主动的发问或求助？你是否见过午睡时的如厕请求被幼儿教师严肃地驳回？你是否见过幼儿教师拿着教鞭吓唬一群坐得端端正正的幼儿,还转过头来炫耀自己的"杰作"？你是否见过……研究者在研究期间都有见过。研究者准备进行研究的时候并未想到自己在收集所需案例的时候会有如此大的触动,但在实际的幼儿园生活中,师幼互动中发生的伦理问题不在少数。

刘晶波老师将师幼互动的类型划分为浓厚事务性的师幼互动,非对称相倚型的师幼互动,传递固有知识与技能、维护既成规则与规范的师幼互动,高控制、高约束与高服从、高依赖的师幼互动。接下来研究者结合师幼互动的类型,参考以往学者的划分依据将收集到的伦理问题事件划分为三种情况展开表述。

1）幼儿教师不尊重幼儿

尊重幼儿,指的是尊重幼儿的合法权益,尊重他们身为一个独立个体应享有的权利和地位。在本研究中幼儿教师缺乏尊重主要指的是幼儿教师在幼儿相处中不尊重幼儿的活动意愿,不尊重幼儿观点,没有尊重幼儿的表达权,不尊重幼儿的选择权,不尊重幼儿的隐私权等主要方面。

案例 1

时间：2018.10.24　上午区域活动　地点：小班教室

区域活动时间,小朋友们都在玩益智游戏,教师在旁做环创材料。这时 X（女）哭着走了过来,站到老师旁边,但是老师没有看她继续做环创。研究者看到了就问她怎么了,她小声地说了句,但是研究者没听清,就再问了一遍。老师说："不要睬她,她老是这样,一会就哭了。天天要哭个几回,跟个林黛玉一样。"研究者就没有再继续问。

这是一次由幼儿开启的师幼互动事件,是当幼儿受到某种伤害或挫折时主动向幼儿教师求得抚慰、关照的一次互动。但是显然在本次事件中幼儿教师对幼儿主动地寻求关注与安慰是采取拒绝的态度,对于幼儿的情感性地表达采取漠不关心的方式。而对于幼儿来说,尤其是小班幼儿来说,他们刚刚和自己的父母分离来到一个陌生的环境,都是会带有一些分离焦虑或者是消极的情绪的。而且幼儿的情绪易感染易冲动,完全表露在外,幼儿教师更应该根据幼儿的情绪表现给予相应的帮助。而该幼儿教师负面性质的行为可能会使幼儿感到惧怕或是焦虑,从而获得消极的情绪体验。

案例 2

时间:2018.10.11　上午区域活动　地点:小班教室

小班老师和研究者聊天,不知怎么说到了学历。老师:"学历高又不代表这个人好。你看看我们班那个短头发的女孩子。她妈妈是英语老师诶,你没发现她妈妈来接小孩一直都穿同一件衣服没换过吗? 妈妈这样,小孩么也这样,衣服也没换过。"然后她把女孩叫过来,"你妈妈是不是老师?""是。""爸爸呢?""老师。""在哪里的?""在……""好,你去吧。"然后转过来对研究者说:"你看,她爸爸妈妈都是老师,爸爸好像还是职高里的,妈妈英语老师,弄得这样,你看看。"

这是一次教师开启的师幼互动,在教师言语的引导下,对幼儿的家庭等隐私信息进行探听与获取,并就其家庭情况与衣着情况表达了她对幼儿以及家长的嫌弃。虽然小班的幼儿自我意识发展较弱,但是幼儿教师对幼儿的轻慢可能会导致该幼儿在日后的集体生活中不受其他幼儿待见的情况出现。从一定程度上看,幼儿教师对某个幼儿的态度在大体上决定了该幼儿在班级集体内的受欢迎程度。

案例 3

时间：2018.11.13　早上入园　地点：中班教室

T 的妈妈是幼儿园该园区的副园长，每天都来得很早。今天早上他到教室后先是跟老师打个招呼，老师也跟他问了好。T 忽然说："昨天爸爸和妈妈吵架了。"老师问，"爸爸妈妈吵架了？他们为什么吵架？"T 没有说话。老师就和保育员聊起了天，猜测他们为什么吵架。这时另一个老师也来上班了，她一进教室，前一个老师就跟她说起："今天 T 来了跟我们说，他爸爸妈妈昨天晚上吵架了。""啊，真的吗？他们为什么吵架呀？""不知道，T 没说。"

这是由幼儿主动发起的一次师幼互动，幼儿的本意可能只是向幼儿教师表述自己的所见所闻，或者将幼儿教师当作一个可以亲近和倾诉的对象，但是该幼儿教师却把它当作一件可与其他人分享八卦的谈资，这其实就是不尊重幼儿隐私权的表现。幼儿教师把幼儿的信任当作可八卦的事情，没有就这件事情本身对幼儿做出合理合适的回应，没有基本的幼儿教师职业道德素养，没有践行幼儿教师的专业伦理要求。

案例 4

时间：2018.11.26　中午午睡前　地点：中班午睡室

中班午睡时间到了，幼儿如厕后陆续脱衣服上床睡觉。两位老师在聊天，这时，T 走了过来，"老师，我的辫子箍松了。"老师看了她一眼，"辫子箍松了我怎么办呀，回家跟你妈讲。"然后继续和另一个教师讲话。

在本次由幼儿开启的向幼儿教师寻求帮助的互动中，幼儿教师直接驳回了幼儿的寻求帮助，拒绝回应幼儿求助性的表达，并将责任都推到家长身上，这很有可能导致师幼关系的淡漠，以及幼儿教师与幼儿家长的冲突与矛盾。另一方面，"在其位，谋其职"，虽然幼儿教师带领幼儿开展各项活动非常消耗体力与精力，但是这不能作为教师在园工作期间松懈懒散的借口，对幼儿开启的表达互动表示不耐烦。尤其是在生活环节与过渡环节,相对于教学活动与游戏活动较为集中的活动,这些活动的节奏会放缓很多,幼儿教师对幼儿求助的接受率会明显下降。

2）幼儿教师没有公平对待幼儿

公平、公正是幼儿信赖幼儿教师的基础,公平、公正能让幼儿感受到被支持和被信任。幼儿教师在面对不同能力、性格、家庭情况等方面有明显差异的幼儿（两名及以上）时,尤其要注意保持公正的态度与行为,包括给幼儿均等的发言机会、互动机会;辩证地看待幼儿的优缺点,公正客观地评价幼儿;不因个别幼儿的过错责备全体幼儿;处理幼儿之间冲突时不应急着下结论,偏袒某一方。

案例 5

时间：2018.11.14　午餐过后过渡活动

地点：中班多媒体教室

到了饭后休息时间,研究者带大部分先吃完饭的幼儿去了多媒体教室休息,正好借用教室的钢琴带幼儿玩了击鼓传花,大家参与的积极性都非常高。过了会儿,老师带着其他的幼儿来了,看到研究者与幼儿在玩这个游戏,她就来当裁判。研究者弹了一首曲子,当研究者停住的时候,积木正好由 T 递给 D 的一瞬间,即可以算 T 的,也可以算 D 的。教师说：“那 T 来表演吧。”(T 是该园区副园长的孩子。)

虽然我们一再强调不能因为幼儿的外貌、性格、家庭情况等因素对幼儿区别对待,但是在实际生活中,幼儿教师往往在提问后会选择平时积极活跃且反应灵活的幼儿,喜欢平时遵守规则的幼儿,喜欢长相讨喜的幼儿,偏爱家庭条件好的幼儿……在本次师幼互动中,幼儿教师直接将表演的机会给了糖糖,并不关心东东的想法,可以看出幼儿教师在活动中对幼儿的区别对待,违背了幼儿教师专业伦理的公平性原则。

案例 6

时间：2018.9.20   上午搭雪花片活动   地点：大班教室

C拿了一堆雪花片在地上搭，搭好了一个建筑物，又去拿了一些雪花片。TX走过，看见地上搭得建筑物用脚踢了几下，建筑物就散掉了。C看到TX踩坏了他搭的东西非常生气，一脸怒气冲过去就说："你为什么弄坏我的雪花片，你为什么弄坏我的雪花片……"说着还踢了TX几脚，谈笑一言不发。有小朋友就喊："老师，C又发脾气了。"老师听到C发怒的声音走了过来，一把拉住他，"你又在干什么啦，又发脾气了，一不顺心就发脾气，在这里发脾气给谁看，你给我到旁边站着，不许玩了。"

在本次师幼互动中，幼儿教师面对幼儿与幼儿间发生的冲突视而不见，不在意事情发生的经过、没有耐心倾听幼儿的想法与表达就武断地认为幼儿又在发脾气，这是一种不公平的表现。在幼儿与同伴的交往过程中，有合作也会有冲突。幼儿教师在面对冲突时直接将错误归在平时就是"刺头"的幼儿身上，违背了教育的公平性原则。在现实生活中，诸多幼儿教师会犯这样的错误，对于一些平时调皮的幼儿就直接在他的身上打下不好的标签，出现问题时也常采取简单粗暴的态度去处理事件，使得这些幼儿无法培养与发展对自己的认同感，因为他们常常处于被幼儿教师的否定之中。

3）幼儿教师的言行失范

幼儿教师专业伦理首先要保障的就是幼儿身体和精神的健康成长，使幼儿避免受到伤害。但在现实的幼儿园中，还存在着幼儿教师基本伦理言行失范的现象，主要表现在一日生活当中，尤其是对幼儿园规则的过分强调中，常常伴有幼儿教师言行失范的现象。其中，言语的失范表现在幼儿教师用语言对幼儿进行讽刺、挖苦、威胁、嘲笑等；行为的失范主要表现形式就是体罚与剥夺参与活动的权利。幼儿教师的一言一行没有遵守专业伦理规范,违背了幼儿教师专业伦理的要求。

案例7

时间:2018.9.10　中午午睡活动　地点:大班午睡室

C在床上翻来翻去,不睡觉。教师看到他还睁着眼:"如果你今天不睡,我就连人带床给你扔出去。我们这个床本来就是上下叠起来的,你再动来动去我就把ZH(床不用时是架在一起的)的床压在你上面,这样你就动也不能动了。听到了吗?"C轻声说:"听到了。"

案例8

时间:2018.10.25　中午午睡活动　地点:小班午睡室

午睡时间到了,C还没睡,眼睛睁着到处看,教师就拿个夹子吓他。老师:"你眼睛闭起来了吗,闭不起来我就拿夹子把你眼睛夹起来,睁都睁不开。你睡不睡?"C猛点头,吓得把眼睛闭了起来。过了一会他偷偷睁开眼睛看了看,教师作势要把夹子伸过来。C又吓得闭上了眼睛。这时X忽然哭了出来。老师走了过去,边走边对小朋友说:"你们快睡觉,再不睡觉我就把夹子夹你们眼睛上。"然后她走到X旁边,"你干嘛哭? 还不睡觉? 不睡觉我就用夹子夹住你的眼睛。还哭吗?"X哽咽着摇头……

对于照料幼儿午睡的工作,科学的幼儿教育理念是允许个别睡不着的幼儿不睡觉,尊重幼儿的个别差异。但是当真正实施的时候,幼儿教师多采取言语或肢体上的威胁、恐吓来"帮助"幼儿睡午觉。根据研究者的观察,夏天的时候由于天热,幼儿教师甚至还会采取站床边或者门口"反省"的措施来对待不午睡或难以入睡的幼儿。对于某些幼儿教师在午睡环节让幼儿"闭上眼睛,不许翻身不许动"的命令,研究者是难以认同与理解的,毕竟作为成人,睡觉前都是放松的,翻身更是惯常。但对幼儿就不是了,一旦幼儿违反教师这种命令,都会受到惩罚,或言语上的,或身体上的。这就是幼儿教师言行失范的表现。

案例 9

时间：2018.11.15　午睡时间　地点：中一班午睡室

午睡期间，午睡室里静悄悄的。这时 M 开始自言自语，嘴巴里发出声音。老师看了他一眼，叫了他的名字，"不要说话了。"安静了十几秒，M 又开始发出声音，老师有点生气了，"M，不要说话了，别的小朋友在睡觉。"但是没有什么用处。老师就拿起胶带"刺啦"一声拉开，走过来对 M 说："你再说话试试，我就把你的嘴巴用胶带封起来。"然后坐在 M 的床边，M 安静了一会儿，又发出了声音。老师直接拿着胶带纸凑到他嘴边，"再不睡，就把你嘴巴封起来，再也张不开。还发出声音吗？"M 摇了摇头。

午睡环节是幼儿教师实施保育工作的重要环节之一，如何帮助幼儿更快更好地入睡，是每个幼儿教师都十分关注的问题。在本次互动中，幼儿教师为使一直发出声音的幼儿安静下来，采取用胶带封嘴的方式威胁该幼儿，是一种不可取且危害幼儿身心健康的做法。从研究者观察多次的角度看，该幼儿的发展相较其他同龄幼儿要稍慢一点，各种能力也比较薄弱。但是这并不能成为幼儿教师没有耐心的理由。对于这类幼儿，研究者认为幼儿教师更需要给予他们更多的耐心与关心，帮助他们更好地成长！

案例 10

时间：2018.10.25　中午午餐时间　地点：小班教室

午饭分发好后，小朋友们开动了。X 刚捧起碗，教师就说："今天老师不喂你吃饭了，自己吃，不吃完就不让你回家。"X 捧着饭碗，眼泪刷地就掉下来了。然后开始无声地哭泣，教师，"你哭也得吃饭的，每次看到饭就不吃。"X 哭了好一会儿，教师就说："你还哭是吧，到镜子那边去哭，对着脸盆哭，哭满一脸盆再回来。"X 就走到盥洗室前的洗手台哭，教师还让她拿起脸盆哭。X 哭得厉害，边哭边轻声说："我要阿姆，我要阿姆……（方言：奶奶）"但是老师没有理她，等老师吃完饭后，把她叫回来，让她自己吃。

　　保育环节中午餐进食是一项重要的工作,但是不同的幼儿进食速度、进食习惯、食物偏爱等都是不同的,尤其是对于一个小班幼儿来说,从在家长辈喂饭到逐渐适应自己动手拿勺吃饭都是一个循序渐进的过程。该幼儿教师虽然是出于让小班幼儿自己吃饭自己用勺的想法,但是她在幼儿还未表现出厌食时就用言语刺激、批评幼儿,严重影响了幼儿的进食,甚至在幼儿长时间哭泣时都未采取积极主动的安抚措施,反而用言语进一步刺激,这对于一个小小的心灵,该是多大的伤害!除此之外,该园午餐时间有一定限制,面对未在时间内完成进餐的幼儿,小班大多是幼儿教师帮助喂食,中大班大多是捧着饭碗站剩饭桶旁吃。根据规定和要求,幼儿进食时要保持轻松愉快的心情,创设宽松的进餐环境,但是该幼儿长时间哭泣到哽咽后,会严重影响幼儿对进餐的兴趣和心情;站立着吃饭会严重影响幼儿消化系统,甚至会让幼儿对吃饭产生恐惧心理。

案例 11

　　时间:2018.10.29　　上午语言活动《香香的小路》　　地点:小班教室

　　教师出示图片,"请小朋友们看一看这张图上,小白兔在干什么?请——"J说:"捡树叶。"教师:"请你们举手回答。"J说:"捡树叶。"教师生气了,"你为什么要插嘴,回答问题就举手。讲了要举手,还不听,给我站起来。"教师又继续活动,在提问的过程中,有一名幼儿一边伸长了手,一边嘴里喊着:"我我我!"教师看了说:"我就不叫你,嘴里一直在喊我我我。举手么就没有声音,喊什么喊。"

　　这是一个师幼互动中典型的伦理问题事件,幼儿教师为了对影响活动纪律的幼儿进行"惩罚",通常会采用言语的过度批评或者罚站来严肃纪律。在一般的教学活动中,幼儿教师对插嘴、与同伴讲话等违反集体规则的幼儿实行批评或罚站的惩罚,借此负向的刺激来强化幼儿遵守规则的行为。虽然幼儿教师的出发点是好的,希望能建构一个良好的班级常规和班风,但是使用这种体罚的方式是违反幼儿教师专业伦理要求的,不论你是让幼儿站5分钟还是20分钟都是属于体罚,严重侵害了幼儿的个人尊严和人格权利。

案例 12

时间:2018.12.12　下午户外学早操　地点:大班户外操场

户外学习新的早操,有肢体动作的教学,也有换位踩点的教学。小朋友们来到操场后跳得不认真。教师提醒了一下,生气地喊道:"都给我站好,踩点都不会踩吗?在弄点什么都不知道,懒得咧要死,手都伸不起来。不想练就给我站着,一直站下去。还有你,不想跳就直接给我出去,要跳就把手伸出来,吊儿郎当的。"说完,她把 TX 拎出来拉到我旁边,"你就站在这。"让我看着他做。然后走到队伍前面,"跳不好,课也不要上了,就练这个,一群人弄不拎清的,在干些什么都不知道……(训了约5分钟)"

在这个师幼互动的伦理问题事件中,幼儿由于没有"认真做动作",幼儿教师直接发火近5分钟,不断用言语训斥他们动作不足、行为散漫、态度不端……甚至涉及人身攻击。对于平时就比较活泼的幼儿,那更是幼儿教师眼中的"捣蛋鬼",直接被拉离集体队伍,站到外面,这种剥夺游戏活动权利的惩罚严重地伤害了幼儿的内心。

案例 13

时间:2018.12.18　下午体育活动　地点:大班户外操场

体育活动,老师在讲解游戏规则,C 和 L 在讲话,没有听老师说话。教师:"你们两个在说话?站旁边去,到旁边去讲个够。往后站,站后面点。"说着,就推着他们站到滑滑梯下面的一个角落。"就站在这,不许动。"

活动结束后,教师带领幼儿排队,他们两个想跟上,教师:"你们别跟上来,你们不是我们大一班的小朋友。"最后等到阿姨收拾好衣物桶,他们才跟着阿姨回去了。

在游戏活动中,面对幼儿违反活动规则的行为,幼儿教师违背专业伦理的行为大部分是直接剥夺活动的参与资格,或坐或站在游戏圈外,不允许再参与本次游戏。幼儿教师借此惩罚措施来约束幼儿的行为何其简单粗暴,处于这种控制下的师幼关系也是十分紧张的。

对于受处罚的幼儿来说,罚站等方法并不能让他们认识到规则的重要性,这些幼儿以后反而更容易藐视规则、违反规则。有一次在教室里学习庆元旦舞蹈时,X 就因为动作没做到位就被叫到另一间教室里。幼儿教师关上了两个房间连通的门,就剩下在做环创的研究者和 X 一起。X 并没有公公正正地站在门外,而是在这间教室里到处溜达,不时看看研究者做的环创,看似满不在乎,可是从研究者与他的闲聊中可以听出他的内心是想参加集体活动的,但是久而久之的剥夺惩罚使得他只能表现出无所谓的模样。

(2)师幼互动中伦理问题的原因探析

师幼互动中的伦理问题的影响因素是复杂的、多方面的,接下来研究者将结合访谈的内容与在日常生活中与幼儿教师的交流,从幼儿教师自身、幼儿园管理、社会与国家层面展开分析。

1)幼儿园教师自身的问题

① 幼儿教师对专业伦理的认知水平较低

幼儿教师对伦理概念内涵的认知问题主要表现在认知的模糊或者错误,这在研究者与幼儿教师的访谈中表现了出来。

访谈 1

研究者:您是否知道"幼儿教师专业伦理"? 是怎么理解的?

T1:什么东西? 没听过,你写的时候就写知道啊,等一下,我上网搜一下……就是要有专业素养,专业能力、分析能力、谈话能力,活动组织、课程设计、评价,大概就这些吧。

研究者:您是否知道"幼儿教师专业伦理"? 是怎么理解的?

T2:什么意思?

研究者:这个与我们平时所说的"师德"的含义有些接近。

T2:就是不能打骂孩子,要为人师表,品德要好。

研究者:您是否知道"幼儿教师专业伦理"? 是怎么理解的?

T3:专业伦理,专业么是说我们幼儿教师的专业性,要唱歌跳舞,一些技能。伦理,伦理是什么意思啊?

研究者:您是否知道"幼儿教师专业伦理"? 是怎么理解的?

T4:不知道,听都没听过……

由此可见,幼儿教师自身较大的问题就是对幼儿教师专业伦理的认识是模糊的、表面的。有的幼儿教师将幼儿教师专业伦理和幼儿教师专业的知识和技能等方面等同起来,有的幼儿教师认为专业伦理就是不做不道德的行为,甚至有的幼儿教师不知道幼儿教师专业伦理,这些都是对专业伦理的浅显的模糊的认知,只是局限在幼儿园强调的幼儿教师保教态度上,没有把幼儿的发展放在重要位置。

② 幼儿教师对专业化认识的局限

访谈 2

研究者:说起幼教的专业性,您如何看待专业这个词?

T5:扎实的知识与技能,正确的教育观念、儿童育儿观,要与家长、与幼儿沟通,体现自己的专业素养。

T6:就是当"四有"教师,有扎实学识,道德情操,还有什么,我忘了,就是习近平主席他说的,之前我们都要背的。还有就是三爱两人一终身……

T7:专业性啊,就是幼教要学的一些东西,技能啊,还有教育学、心理学,良好的师幼关系,与家长良好沟通这些方面吧。

幼儿教师不仅需要传授幼儿知识、技能,更加奠定对幼儿人格发展的基础。而幼儿教师的专业性不仅体现在专业知识、专业技能方面,更重要的应该是体现在专业伦理方面。幼儿教师必须具备足够的专业伦理知识用以服务幼儿的学习与发展,但是就目前而言,高等学校里并未设置此类的相关课程。对于没有系统地学习过幼儿教师专业伦理知识的新手幼儿教师来说,很容易在具体的实践中发生无法接过幼儿抛来的球的问题,从而产生伦理困惑。

此外,一些空洞的口号式的语句对于幼儿教师来说只是为了应付教育局的考试,它们是口号,也只能沦为口号。虽然国家对幼儿教师的专业修养赋予了更加深厚、更有内涵的解释,但是如果只是拿它作为宣传与考试,那么这些对幼儿教师个人的专业修养并无多大裨益。

③ 幼儿教师自身观念的冲突

在伦理决策过程中,价值观对幼儿教师行为的影响是根深蒂固的,幼儿教师所持有和信奉的观念发挥着重要作用,甚至超越理性的伦理思考。在某次聊天中,"教师:你觉得我对小朋友凶吗?研究者:有些小朋友跟我说过老师你挺凶的。教师:唉,我也想和他们好好相处,你看副班,小孩子都喜欢她。我也想啊,可是你对他们好了,他们就皮了,还不如凶一顿来得有效果。一个班里总归需要一个人唱红脸,一个人唱白脸的。"科学现代化的儿童观能帮助幼儿教师正确认识幼儿的权利与地位,理解幼儿的身心发展规律,但是实际操作的时候还是会受到自身观念的影响。

有一位幼儿教师这样跟研究者说:"小班最重要的就是建立好常规,要让他们听你的话,给个指令就能听得懂。书上写的讲的是很好,但是在幼儿园里哪有那么容易。其实都是跟书上两样的。"就研究者所在园区的幼儿教师们而言,她们真的不知道自己的言行会伤害到幼儿吗?答案当然是否定的。但是在实际操作中,受传统教育方式等因素的影响,在相互冲突的观念同时作用的情况下,就会不可避免地产生伦理困境,她们常常是哪种方式奏效快就用哪种方式。

④ 幼儿教师自身职业倦怠情况严重

幼儿教师的职业倦怠情况表现为工作期间情绪低落或者暴躁,对工作失去认同感,把幼教工作视为繁琐重复的机械劳动。个人的需求和满足能否从工作中获得,实际上影响着幼儿教师内在的工作动机。由工作所带来的精神回报是幼儿教师关注的,但是相比而言能否得到期望的物质回报以达到个人精神需求的满足,对幼儿教师的伦理行为会产生更为重要的影响。有幼儿教师跟研究者聊起幼儿园的待遇,"幼儿园这个工作嘛,想想有什么好,我每个月的工资就 3000 多。工资又不高,每天还要环创环创,累死累活地做,做好了改,改了再改,改好了没多久又要换。要不是看这个编制稳定,有时候想想都不想做下去了。"一位教龄颇长的老教师时不时在班级里念叨,"还有 3 年,这 3 年熬过去了我就退休了。这工作做得我累死了,天天腰酸得咧,要做东西,还要上课。一群孩子吵么吵得咧要死,头都要炸掉了。"由此可见,有的幼儿教师对这份工作已经失去了激情与兴趣,在压抑的心情中开展每日的保教工作,可想而知她们会对幼儿持什么样的态度。

2) 幼儿园方面存在的问题

① 幼儿园组织管理制度的刻板

虽然《幼儿园教育指导纲要(试行)》中指出幼儿园的时间安排要相对稳定与灵活,要保证幼儿每天有适当的自主选择与活动的时间,但是在实际的幼儿园管理中,每个年龄段幼儿的活动时间都是划定好的,过了这段时间就会进入下一个活动环节,没有考虑到幼儿的个体差异。

案例 14

小班上午 9:50 准时开始早操,早操前是上午点心的环节,小朋友们都在吃点心。等到 9：45 的时候,老师就开始喊小朋友排队,"吃好的小朋友来老师这里排队。"T 是个慢性子的男孩,他还没吃完。老师看了看还没吃完的幼儿,"快点吃,我们要出去做早操了,不吃完就不等你们了。"T 听了还是慢慢地吃,旁边的 L 连忙把饼干往嘴巴里塞,没嚼两下就喝了一大口豆奶,匆匆吃完就追了上去。音乐开始了,老师带着幼儿在场地上做早操,等做到一半的时候,T 走了过来,开始做早操。

在幼儿园内作息安排都是相对固定的,不仅包括点心时间,还包括午餐时间。保育员要在规定的时间内把餐桶送回厨房,但是这就与幼儿自身的进餐速度相矛盾。这个时候大部分幼儿教师及保育员的处理办法就是用言语催促幼儿加快进食、让幼儿站着进食等手段去迎合幼儿园制定的管理制度,但是这样却损害了幼儿的基本权益。

② 幼儿园专业实践培训的不足

现在的幼儿园缺乏对幼儿园教师专业伦理的专项实践培训,现有的培训主要体现在幼儿教师专业知识与技能方面的培训。根据调查结果显示,师德培训的次数主要是一年一次或一年两次。在幼儿教师职前培训中没有足够重视师德的问题,在职后培训中,没有专业伦理的相关内容,使得幼儿教师不了解专业伦理的相关知识,专业伦理意识模糊。

③ 幼儿园内人际交往中的问题

在幼儿园中常见的人际困扰包括与家长之间、与同事之间、与领导之间的专业伦理问题等。但就幼儿的一日活动而言,很易受到与同事间专业伦理问题的影响。这在研究者的半结构访谈中有所体现:

访谈 3

研究者:如果遇到同事不符合专业伦理的行为对待幼儿,您会怎么办?

T8：事后找个机会跟她交流沟通看看吧，是不是有什么事情，要委婉地问一下。

T9：当然不能当场就说她啊，两个搭班之间搞矛盾还怎么带下去啊。就以后或者等有机会问问看。

T10：看那个同事的性格了，要是她不好说话的，你说了她，那可是要完蛋了。这个班都不用带了。

T11：有时候老师心情不好也是很正常的，我会私下里跟她聊一下吧。

大部分幼儿教师在回答研究者这个问题的时候都表示自己会事后跟这位老师聊一聊，找找原因。但是在实际的幼儿园生活中，研究者在园的三个月期间，即使有幼儿教师对幼儿言语训斥或者体罚，另一位幼儿教师都不会有什么反应，算是一种默许。可见，为维护同事间的友好关系，牺牲幼儿的部分权益对一些幼儿教师来说也是值得的。

3）国家、社会方面存在的问题

① 专业伦理机制限制

就目前而言，我国幼儿教师专业伦理缺乏专门针对幼儿教师群体制定的幼儿教师专业伦理规范。《幼儿园教师专业标准（试行）》注重"师德为先"的理念是专业伦理建设的指路明灯，但是具体放到实践中却难以进行。① 作为非幼儿教师专业团体制定主体，我国行政机构中专门的教育部门，他们在制定行为规范方面的规定太过于模糊和笼统，一些类似于表述号召的命令式条文内容表达宽泛而不具体，没有指向性，使得幼儿教师在实际行为中存在很多困惑和理解困难，造成了幼儿教师行为选择的混乱。

---

① 张地容、杨晓萍：论幼儿园教师专业伦理的实践困境与路径选择，《中国教育学刊》，2014（5）：99—102。

② 幼儿教师的社会保障制度不完善

幼儿教师的收入、社会地位和其他角色的关系直接影响到幼儿教师的师资力量,同时会对幼儿教师的专业自主产生影响。学前教育与义务教育虽同属基础教育阶段,但政府对学前教育阶段的投入远远不够。

访谈 4

研究者:老师,幼儿教师的工资有多少啊?

T1:工资不高的,我每个月 2000 多,近 3000 块钱,那个教龄大的会再多一些。

T2:我的工资啊,我也快退休了,工资的话,有 5000 左右吧,应该不到。

T3:我没编制,工资不高,幼儿园是缺老师,但是又拿不出事业编制的名额。

当前幼儿教师收入低、社会地位低、合法权益没有被保障、编制体系不完善,严重阻碍了幼儿教师的积极性和专业发展。"同工不同酬"的差异导致部分幼儿园教师工作积极性不高、自我认同感低。

二、幼儿教师专业伦理发展研究与分析①

针对幼儿教师在教育教学中出现专业伦理认知欠缺、专业伦理情感消极、专业伦理行为失当、专业伦理意志不足的现象,我们主要也是采用半结构式访谈和自然观察相结合的研究方法进行研究。

(一)幼儿教师专业伦理研究设计

1. 半结构式访谈

对研究对象即上海市某两所幼儿园中部分幼儿教师围绕"幼

---

① 本研究为上海市嘉定区新源幼儿园王薇懿老师完成。

儿教师专业伦理认知"进行访谈,在幼儿午睡或者下班后(确保不影响幼儿教师工作的情况下)的教室中,访谈时保持室内安静(保证不透露被访者任何信息为前提进行访谈)。非结构访谈共22名(一所幼儿园10名,一所幼儿园12名),随机抽取幼儿教师参与,年龄在23—40岁之间(据了解从教年龄多在0—10年),最终20名幼儿教师为有效访谈,有2名幼儿教师在过程中因有事被打断了访谈。

以"幼儿教师专业伦理"为中心对幼儿教师进行访谈,围绕幼儿教师专业伦理认知、情感、行为、意志四个方面,附访谈提纲(附录3)。通过结合观察被访谈者的表情、语气、态度来获取资料的依据,由于被访谈者是幼儿教师,时间随机,使用半结构式访谈,因为半结构访谈可以根据实际情况灵活地对问题做出必要的调整。主要以幼儿教师谈话为主,能够获得比较真实的资料。

2. 自然观察法

在不定时间、地点的自然情境下,通过观察幼儿(皆为中班幼儿)与幼儿教师在一日生活(包括入园晨检、教学活动、游戏活动、区角游戏、午餐、盥洗、午睡、离园)中发生的各类事情,根据四个方面:专业伦理认知、情感、行为、意志,对被研究者即幼儿教师的行为、语言、反应、表情进行观察记录并进行整理分类。观察日期为2018年11月5日—11月16日(一所幼儿园中二班共计两周)及2019年3月11日—3月22日(另一所幼儿园中一班共计两周),事件总计48件。

自然观察法可以避免被观察者(幼儿教师)在参与研究时的情绪和行为受到研究事件的影响。由于幼儿教师专业伦理是一个敏感的词汇,只能通过自然观察才能观察到自然的、没有遮掩的幼儿教师言行举止,一定程度上能够保证数据案例真实有效,便于了解真实的幼儿教师专业伦理现状。围绕幼儿教师意识、行为、情感、意志四个方面开展自然观察,附观察提纲(附录4),观察主要对象为幼儿教师的行为、语言、反应、表情,次要对象为中班幼儿(情景)。

最后结合数据分析讨论,了解幼儿教师对幼儿教师专业伦理的认识,发现幼儿教师专业伦理建设的处境,从幼儿教师的角度出发为幼儿园教师专业伦理建设提供有效可行的策略。

(二) 幼儿教师专业伦理研究调查与分析

1. 幼儿教师专业伦理认知调查与分析

在与 20 名随机抽取的幼儿教师进行有效的半结构访谈过程中,围绕"幼儿教师专业伦理的认知"访谈,据统计共 17 名幼儿教师回答没听过"幼儿教师专业伦理"这个词。这意味着幼儿教师专业伦理知识在幼儿园的在职幼儿教师中尚未得到普及,反映了专业伦理意识薄弱,专业伦理认知的零散不完整性。

访谈 1

(非专业从教三年教师 a)

采访者:你对"教师专业伦理"的认识是什么?

教师 a:什么是教师专业伦理?

采访者:指幼儿教师职业的行为规范等内容,这个问题也或者说你认为什么是"幼儿教师专业伦理"? 大胆说出你的想法,都可以。

教师 a:呃……我认为,幼儿教师专业伦理应该是经过漫长实践得出的结论,可以作为所有教师的一种行为准则。

采访者:在工作之前或者工作中你有没有听过"幼儿教师专业伦理"的培训?

教师 a:并没有,我之前大学读的不是这个专业,也没有听过专业伦理。

访谈 2

(专业从教一年半教师 b)

采访者:你知道幼儿教师专业伦理吗? 或者说你听到这个词

觉得什么是幼儿教师专业伦理？

教师 b：听到这个词，我觉得是具备专业性和伦理型的综合教师吧，它必须具有一定的专业性，但也不要忘记关注本身的教师专业素养下的伦理。

采访者：在工作之前或者工作中你有没有接受过"幼儿教师专业伦理"的培训？

教师 b：没有。

受访谈的专业与非专业幼儿教师普遍对"幼儿教师专业伦理"这个词表示没听过，但是根据字面对于"伦理"的了解来推论什么是"幼儿教师专业伦理"，幼儿教师可以根据自身积累的教学经验说出大概。幼儿教师专业伦理是幼儿教师在专业活动中的行为规范，用以约束幼儿教师在执行专业活动时对幼儿、同事、家长、领导以及其他相关人员等的行为。在研究者观察的幼儿园中，据聊天得知多数幼儿教师属于非学前教育专业人员出身，少数幼儿教师是学前教育专业出身。这意味着，幼儿教师缺少专业伦理意识主要是因为缺少对专业伦理知识的了解，非学前教育专业出身的幼儿教师缺少职前专业的培训，甚至连最基本的幼儿教师师德也概念模糊，而专业出身的幼儿教师则主要缺乏对幼儿教师专业伦理这一概念的基本认识。

访谈 3

（专业从教八年教师 c）

采访者：你知道教师专业伦理吗？或者说你听到这个词觉得什么是教师专业伦理？

教师 c：我不知道什么是教师专业伦理……没听过。

采访者：你听这个词表面意思，你想到什么都可以说。

教师 c：教师专业伦理，伦理，是教师要遵守的职业道德吗？

采访者：那你认为建设教师专业伦理应该从哪方面入手？

教师 c：我觉得先要对教师进行培训吧，要先知道什么是教师专业伦理，普及教师专业伦理这个概念。但是很多幼儿园根本也没办法做到这一点，比如乡村的幼儿园，随便谁都可以做幼教，也不存在职业道德。也因为少部分不好的幼教导致现在这个行业备受质疑，家长也不理解，总觉得我们老师就应该怎么样怎么样。我觉得还是多一点理解吧，相互体谅。

访谈 4

（非专业见习教师 d）

采访者：你知道教师专业伦理吗？或者说你听到这个词觉得什么是教师专业伦理？

教师 d：不知道，我觉得这个词是教师与教师、家长和幼儿之间互动时应该具备的专业素质以及行为。

采访者：那你认为需要专业伦理相关知识的培训吗？为什么？

教师 d：我觉得需要相关培训，因为在社会的不断进步中，相应的准则也会有变化，教师需要不断跟上社会的脚步。此外，培训有利于教师更好地理解该如何与他人沟通、建立与他人之间的良好人际关系，使幼儿园和谐发展。

在访谈中的幼儿教师 c 是一名有丰富教育经验的教师，依旧回答不知道什么是幼儿教师专业伦理，但是提到一点：教师培训。幼儿教师的职前职后培训对幼儿教师专业伦理建设尤为重要，职前的培训是奠定幼儿教师专业伦理意识的最初也是最重要的阶段。在实际接触工作之前，对幼儿园工作应该怎么做应该遵守怎样的行为准则等有一定的认知，在已具备专业伦理认知的前提下才能修正错误思想和观点，进而对实际言行有约束。

2. 幼儿教师专业伦理情感调查与分析

在访谈过程中研究者发现幼儿教师主要反映的情感矛盾有两点：一是幼儿教师与社会的矛盾，主要在于工资待遇差和社会地位低;二是幼儿教师与家长的矛盾,主要在于沟通欠缺和相互不理解。

由于发现受访者对"教师专业伦理"概念的了解不多,而幼儿教师专业伦理的失范直接导致了幼儿园虐童事件的发生,因此调整访谈用虐童事件作为引导,让受访者了解访谈的要点和方向。在此基础上,让受访者谈谈自己对教师专业伦理的看法和态度。

访谈 5

(专业从教五年教师 e)

采访者:你对教师专业伦理有多少了解?

教师 e:不了解,但应该是对教师言行举止要有约束性的意思吧。

采访者:现在幼儿园虐童事件频出,你认为是什么导致的?

教师 e:虐童首先肯定是幼师自己的问题啊,作为幼儿教师要约束自己的言行举止,爱护幼儿,幼儿的安全和健康永远是第一位的。

采访者:那么你认为还有什么其他更深层次的原因?

教师 e:还有就是幼儿园的管理问题吧,如果是施暴,幼儿园内部不会没人知道。还有就是施暴教师的文化水平低,没经过正规培训。幼儿教师这一行除了社会待遇差工资低,还有就是家长和社会的质疑声导致教师心理压力太大。

采访者:那么建设教师专业伦理你认为主要从哪里入手?

教师 e:各方都应该配合教师调整良好心态,并且幼儿园应该加强对非专业教师的专业培训。

幼儿教师和幼儿的活动全发生在幼儿园内,幼儿教师专业伦理失范多有目击的幼儿教师或者幼儿。除此之外,对幼儿教师专业伦理失范的幼儿教师惩罚也过轻。黄石港区一名女老师手持教鞭抽打幼童,还不止一名幼儿被打,该段视频在各网络平台迅速传播,涉事幼儿教师对幼儿造成了不可磨灭的身心伤害,但最后仅被解除劳动合同。

幼儿教师"保教结合"的特殊性决定了幼儿教师与幼儿家长之间的关系尤为敏感。幼儿的一日生活都是在幼儿教师的照应下进行的。如果幼儿受到什么伤害,家长乃至社会很自然地会将目光投到幼儿教师的身上,这给幼儿教师造成了很大的心理和情感上的压力。研究者在聊天中了解到非在编幼儿教师的工资待遇极差,她们经常付出与收入不相抵的劳动,间接导致多数幼儿教师离职甚至情绪不佳、心态不平衡、暴力对待幼儿等严重的后果。这也反映出了幼儿教师需要的不被满足,工作没有为幼儿教师带去幸福感,幼儿教师之间存在着待遇的差异,常常是在编幼儿教师想怎么要求或吩咐非在编幼儿教师干什么事后者就得去干什么事,地位的不对等常常让非在编幼儿教师心理不健康,这直接严重影响幼儿教师专业伦理建设的步伐。

访谈 6

(非专业从教两年教师 f)

采访者:你喜欢从事幼儿园教师这个职业吗?

教师 f:一开始挺喜欢的,因为寒暑假可以出去玩嘛。

采访者:那么现在不喜欢了吗?

教师 f:因为付出与收入不平衡吧。

采访者:现在幼儿园总是传出虐童的消息,这其实都是幼儿教师专业伦理建设不完善的表现之一。那么就从你自身出发你认为幼儿园教师专业伦理建设存在哪些问题?

教师 f:幼儿教师专业伦理建设还存在的问题从我自身出发?那首先应该是家长工作难做,小孩子自己磕了碰了一点就会来找老师的麻烦,我们还要确保每天幼儿的出勤率。我都有转行的念头了,哈哈!

幼儿教师 f 的言语代表了多数幼儿教师的心声,无奈的背后透露出了对该职业的倦怠感。因此外界更应给予幼儿教师一定的信任和自由，满足幼儿教师的自身需要，提升幼儿教师的社会地位，帮助那些言行端正的幼儿教师克服职业倦怠感，增加专业认同感，给予更多幸福感，更好地为幼儿园、为社会付出自己的薄力，也是为建设幼儿教师专业伦理奠定良好基础的途径之一。

3. 幼儿教师专业伦理行为调查与分析

由于幼儿教师专业伦理是一个敏感的词汇，自然观察法的优势也在此展现出来，只能通过观察幼儿教师相对自然、没有遮掩的行为状态才能得到较真实的资料。对一日生活（包括入园晨检、游戏活动、教学活动、区角活动、午餐、盥洗、午睡、离园）过程中幼儿教师与中班幼儿发生的相关事件进行记录，整理观察内容后，围绕专业伦理认知、情感、行为、意志，将内容主要分为四大类：指导活动、约束纪律、照顾生活、其他，但四大类并非与专业伦理四个方面完全剥离。

从表 2-2 中可以发现，幼儿教师在指导活动中对幼儿的专业伦理行为基本上并无不当。无论是幼儿不愿意参加活动还是幼儿在活动中思想不集中，幼儿教师没有对幼儿无理斥责或者是当着其他幼儿的面数落，幼儿教师对待幼儿的态度都是耐心和蔼的；还有如幼儿在活动中提出质疑影响了活动的继续进行，幼儿教师并没有完全扼杀幼儿的想法，没有指责他们，而是带他们去解决疑惑；幼儿情绪不好的时候幼儿教师也会主动询问幼儿情况，竭力做到尊重幼儿的个体发展。但是在自然观察过程中不排斥幼儿教师会大声严厉对待幼儿情况的出现，因为幼儿教师在教育实践中也总结出了自己的一套教育经验做法。该严肃对待的问题，幼儿教师不能含糊带过，幼儿教师以符合专业伦理的恰当行为来处理问题，这并不违背幼儿教师专业伦理规范的要求。

　　在观察表中我们可以发现,幼儿教师善用积极的方式来引导幼儿,如鼓励、表扬幼儿的行为或者作品,让其他孩子看到他们可以怎么做会更好,而不是用批评的方式来打压个别幼儿的错误行为,给予其他幼儿负面的心理暗示。

表2-2　自然观察教师指导活动记录表

具体情境(指导活动)	幼儿教师(行为、语言、反应、表情)
幼儿在活动中注意力不集中	1. 教师没有点幼儿的名字,而是用严肃的态度提醒小朋友应该小眼睛注意看,小耳朵注意听。 2. 教师对活动中一直表现注意力不集中的幼儿在活动课余喊该幼儿去没有其他人的一旁询问,今天是不是身体有什么不适? 没有不舒服在上课的时候要认真听,不能影响其他的小朋友学习知识。 3. 教师通过表扬注意力集中的孩子来引导个别孩子集中注意力。
幼儿不愿意参加活动	1. 教师先安排其他幼儿进行活动,在安排完成后对不愿意参加活动的幼儿进行单独的沟通,询问了解他不愿意参加的理由,随后让他坐在一旁。 2. 教师不逼迫幼儿参加活动,但是要在活动过程中管好自己不影响其他的幼儿。 3. 教师通过鼓励的方式,告诉幼儿参加活动的好处,能够锻炼健康的身体,获得经验,与朋友一起玩耍,来鼓励幼儿参加活动。

具体情境（指导活动）	幼儿教师（行为、语言、反应、表情）
幼儿作品不根据教师示范	1. 教师没有干涉幼儿的行为，而是将幼儿的作品向其他幼儿展示，提示并鼓励幼儿可以根据自己所想进行创造。 2. 教师对该幼儿进行肯定"嗯，你们可以来看看他的作品，有自己的想象力而不是只模仿老师的"。
幼儿提出疑问质疑教师	1. 在一节课上师生对鸟类"白鹤"长什么样产生疑问，教师随即上网百度图片白鹤，带领幼儿解决困惑和质疑。活动内容偏离了既定的教学目标，但是不能压制或者随意否定幼儿的观点。 2. 在音乐活动中，教师拿出旋律小木琴。幼儿提出疑问这是风琴和钢琴。教师很耐心拿出实物并弹奏解决幼儿的疑问。 3. 教师表扬幼儿在活动中能够动脑子思考问题，才会发现问题。

约束纪律的过程是最容易出现幼儿教师言行失范、违背幼儿教师专业伦理的情况之一。幼儿教师在约束幼儿的过程中不可避免地会大声呵斥、责骂、制止幼儿的某些行为举止。而在这个环节中，就目前研究者在调查后认为公办幼儿园做的比民办幼儿园好很多。公办幼儿园的幼儿教师基本很少用罚站或者罚坐来解决问题，而是会向幼儿讲明为什么不可以做、为什么可以做，把道理都告诉幼儿。幼儿教师把幼儿真正看作一个独立个体来对待，同样幼儿也更加独立自律，对很多事自己有分寸，有一个度。

表 2-3　自然观察教师约束纪律记录表

具体情境（约束纪律）	幼儿教师（行为、语言、反应、表情）
个别幼儿违反纪律影响集体	1. 教师会严厉地喊违反纪律的幼儿小椅子搬到一旁去坐着冷静，然后在活动空闲时单独与幼儿交流，叮嘱他不可以这样做，会影响其他小朋友上课。 2. 在户外活动中违反纪律的幼儿教师会喊他立刻停止活动，在一旁休息，等他安静下来了提醒他不可以做，因为这样做会伤到自己和别人。
多数幼儿不遵守纪律	1. 教师严肃地让不遵守纪律的小朋友停止活动，坐在一旁想想刚刚做错了什么。过一段时间询问，并告诉他们以后不可以这样做了。 2. 开始上课了，班级中多数孩子吵闹不停，教师一言不发坐着看着孩子，随后孩子们慢慢安静下来。

　　幼儿教师在照顾生活（主要以盥洗、进餐、午睡为主）方面两所幼儿园有很大差异。公办幼儿园的幼儿更具有独立性、动手能力更强、更乖巧懂事，而民办幼儿园的幼儿依赖性更强、动手能力较弱、调皮。由于幼儿教师行为的差异，幼儿的自理能力也有明显的差距。公办园幼儿教师主张幼儿自己动手做力所能及的事情，希望幼儿生活自理能力有一定的提升。而民办园的幼儿教师在保教幼儿生活上更事事亲力亲为。总体上看，幼儿教师对幼儿都是采用哄劝、讲道理的方法来帮助幼儿养成良好的生活习惯。

表 2-4　自然观察教师照顾生活记录表

具体情境（照顾生活）		幼儿教师（行为、语言、反应、表情）
盥洗	幼儿尿床、尿裤子	1. 教师耐心为幼儿换内衣裤，或者请家长把幼儿带回去。 2. 观察过程中，有一名幼儿一天中两次拉屎拉在身上，教师严肃询问幼儿为什么不去上厕所，幼儿回答说是故意的。随后家长把幼儿带回。教师在后一天的午睡、活动后都会提醒该名幼儿要去上厕所，不要憋着。 3. 一位幼儿在小班经常尿床，于是教师在午睡时会定时喊这名幼儿起来上厕所。
	洗手水满地都是	1. 教师在幼儿都洗完手后，对幼儿进行教育，洗完手应该在水池里轻轻甩掉点手上的水，然后用小毛巾正反擦干净，不然会弄得地上都是水，走路一不小心哪个小朋友滑倒了怎么办。 2. 幼儿故意把水弄出来，教师让他用餐巾纸擦干净玻璃和地上的小水珠。
进餐	幼儿挑食、偏食	1. 教师耐心说："这是农民伯伯辛辛苦苦种的菜，然后幼儿园师傅给你们烧出来，我们不可以辜负他们的一番辛劳。" 2. 教师："嗯，今天某某某很乖，蔬菜和米饭全都吃完了，我们都要向他学习。" 3. 教师给某些能力薄弱吃饭较慢的幼儿喂饭。 4. 幼儿离园时，教师与家长沟通幼儿挑食情况。

续　表

具体情境（照顾生活）		幼儿教师（行为、语言、反应、表情）
进餐	幼儿食欲不振	1. 教师询问不吃饭幼儿是不是身体不适，实在吃不下就不要吃了，并及时通知家长。 2. 教师持续关注该幼儿的饮食状况。 3. 教师与家长沟通幼儿身体情况。
	幼儿不小心洒落饭菜汤	1. 教师不会严厉训斥幼儿，而是提醒幼儿拿中间的小抹布擦干净桌上打翻的汤汁。 2. 汤汁若洒到幼儿身上，教师："快拿餐巾纸擦干净身上，下次喝汤的时候小心一点。"或者教师直接帮幼儿擦净。
	幼儿边吃边说或玩耍	1. 教师："我看谁的小嘴巴又拿来说话又拿来吃东西，老师只有一张嘴，所以说话的时候没有吃东西，一张嘴又能吃又能说的来表演一下给大家看看。" 2. 教师提醒幼儿，吃饭的时候不要说话："食不言寝不语。"
午睡	幼儿不要午睡	1. 教师对该幼儿进行询问"你为什么不想午睡？不午睡长不高了知道吗？"幼儿依旧表示自己不要午睡，连衣服都不给脱。再三劝他睡觉无果后，教师："那你不午睡不要影响其他小朋友午睡可以吗"？ 2. 对于日常调皮的幼儿不午睡，教师要求该幼儿不能影响其他幼儿午睡，别发出怪声音。 3. 教师与家长沟通幼儿在家午睡情况。
	幼儿不按时入睡	1. 教师会坐在不按时睡觉幼儿的身边，轻拍幼儿入睡。 2. 教师会在幼儿身边站几分钟，让他心静下来赶快入睡。

在表2-5中有一项很特别,对待特殊幼儿的。在我们一般幼儿教师的眼里,也许特殊的幼儿就应该送去特殊的机构中度过他的幼儿园生活。因为首先,我们一般的幼儿教师并不具备教授特殊幼儿的能力,我们无法让他在普通的幼儿园中,于其特殊的方面获得某种改善;其次,特殊的幼儿与普通的幼儿格格不入,甚至会是该班级中的安全隐患。就如我在观察的班级中遇到一名这样的幼儿,该幼儿患有高度自闭症,不爱说话,如果说话就是在重复他听到的某个重要内容点,会对着你一直重复,喊停也没用。他几乎没有沟通能力,任何活动幼儿教师都没让他参与,甚至当着他的面说他有神经病,在其他孩子们的口中这名幼儿也是"有病的"。一个人不是坐在小朋友们的最后就是坐在幼儿教师身旁,在幼儿园的生活几乎是没有色彩的。

表2-5   自然观察其他情境记录表

具体情境(其他)	幼儿教师(行为、语言、反应、表情)
幼儿向教师寻求帮助	1. 晨检时,幼儿入园洗手要卷袖子,对教师说:"老师帮我一下。"教师耐心替幼儿卷起袖子,提醒幼儿洗完放下袖子。 2. 幼儿脱衣服寻求教师帮助,教师帮助幼儿脱下衣服。
幼儿向教师寻求帮助	3. 幼儿穿衣服寻求教师帮忙,教师并未帮忙,让幼儿自己试试看能不能穿上。 4. 幼儿做事遇到困难会用目光向教师求助,教师用语言提示幼儿应该怎样做,或者直接上前帮忙。
幼儿情绪低落	1. 一名幼儿主动对教师说:"老师我今天不开心。"教师询问:"你怎么啦,为什么不开心?"幼儿:"我不知道,就是不开心。"教师之后对该幼儿进行持续关注,发现幼儿并没什么异样。

具体情境（其他）	幼儿教师（行为、语言、反应、表情）
	2. 教师观察到一名幼儿情绪低落不和其他小朋友玩耍，上前询问："你怎么不和其他小朋友一起玩?"幼儿："我不要玩那个。"教师："那你试试看找其他小朋友和你一起玩这个。"
幼儿试图表达自己的看法	1. 教师没有不耐烦打断幼儿表达，而是耐心听幼儿表达自己的想法。 2. 教师引导鼓励幼儿把事情说完整，把事情说清楚，让人能够理解。
幼儿向教师告状	1. 幼儿告诉教师同伴拿走了他的东西，教师询问其他幼儿这个东西究竟属于谁，然后再进行分辨和处理。发现幼儿拿了他人的东西，会私下和幼儿谈话，告知幼儿不可以随便拿别人的东西，因为那是属于别人的东西。 2. 幼儿告诉教师某人说了不文明的话/打人。教师询问清楚情况后对该幼儿进行适当的批评，并告知他以后不可以说话这么粗鲁/动手打人，有话可以好好说，不可以动手。
幼儿向教师告状	3. 幼儿告诉教师其他两个人在打架/冲突。教师"你先管好自己，不要总跑过来打小报告。"随后对另外两个幼儿进行询问，了解情况后再解决问题，用适当的言语批评打架的双方，尽量杜绝第二次出现打架行为。
对待特殊幼儿	该幼儿患有自闭症，不喜欢与他人沟通，偶尔出现暴力行为。教师将他单独安排在最后一个位置，活动过程中对其也不给予关注。

幼儿教师们看到他来上学甚至都觉得很头疼,因为这个孩子太特殊。也许有人会问,那家长为什么还要让孩子来浪费时间呢?家长的回答是,只是想让他和正常的孩子在一起。幼儿教师爱护幼儿是天职,就像母亲爱护自己的宝宝一样。也许我们无法让他恢复成正常人,但是至少不该用不当的语言和行为来随意对待一名年纪尚小的病人。对待特殊幼儿应该用更合适的态度劝说家长,或者说较善良的行为来抚慰这朵小苗,研究者认为这也是幼儿教师专业伦理建设能够带来的一颗幼儿教师对待所有幼儿的善良之心。

4. 幼儿教师专业伦理意志调查与分析

意志是"人自觉地确定目的,并支配行动,克服困难,实现目的的心理过程",[1]即人的思维过程见之于行动的心理过程。幼儿教师以了解如何对幼儿正确实施教学、怎样恰当处理师幼互动中幼儿的各种行为举止、怎样对待相关人士如同事家长,也就是以幼儿教师专业伦理实践有意识、认知储备为前提,拥有积极的专业伦理情感,并将专业伦理付诸行为的整个思维过程到行为实践的心理倾向即为专业伦理意志。

访谈 7

(非专业从教六年教师 g)

采访者:你知道教师专业伦理吗?或者说听到这个词觉得什么是教师专业伦理?

教师 g:我没听过这个词,我理解应该是对教师言行的某种规范。

采访者:那你喜欢幼儿教师这个职业吗?

教师 g:还好吧。

采访者：那就你认为的教师专业伦理，应该从哪些方面入手建设？

教师 g：应该提高教师自身素质，建设更规范更全面的教师平台，还有促进教师和学生家长的互相认可和谅解。

访谈 8

（专业从教七年教师 h）

采访者：您在从教中听过教师专业伦理吗？

教师 h：没有。

采访者：那您喜欢幼儿教师这个职业吗？

教师 h：喜欢，因为孩子特别纯真可爱。

采访者：那您觉得未来是否需要专业伦理相关的培训？

教师 h：需要的，教师应该多学一点专业知识丰富自己的内涵。活到老学到老嘛。

在访谈中可以看出，多数幼儿教师对幼儿教师专业伦理的知识了解并不多。但并不能说幼儿教师不具备专业伦理认知，缺少对专业伦理知识的了解代表了幼儿教师专业伦理认知上的零散不完整性。同时幼儿教师与家长和社会之间的问题也日益严重，家长对于幼儿教师的不完全信任导致幼儿教师心理压力很重，极少数幼儿教师违背专业伦理出现错误行为如责罚、打骂幼儿，导致社会对所有的幼儿教师都抱着质疑的态度。在此环境下的幼儿教师举步维艰。同时社会待遇差、工资待遇不高严重影响了这一行业的良性发展。而这些问题也是幼儿教师愿意并坚持专业伦理规范、并指导幼儿教师自身行为举止和专业发展、坚定幼儿教师的专业伦理意志的重要条件，在提升幼儿教师专业伦理认知的同时用强化幼儿教师专业伦理积极情感、强化幼儿教师专业伦理行为等手段来锻炼专业伦理意志。

幼儿教师专业伦理意志的培养对内在自觉有着较高的要求，反观同样对培养专业伦理意志幼儿教师所处的外在环境也有着一定的要求和期望。比如对家长和幼儿园有哪些期望,有哪些锻炼幼儿教师专业伦理意志的途径、方法、措施等,为意志创建一个良性发展的环境也是专业伦理建设需要考虑的内容之一。

第三章 幼儿教师专业伦理发展影响因素研究

　　幼儿教师专业伦理是时代赋予教师的要求与发展的必然趋势，是一名合格幼儿教师必备的专业素养。幼儿教师专业伦理作为幼儿教师专业化水平发展的重要内容，是幼儿教师专业化发展成熟的重要标志。幼儿教师专业伦理不仅涉及专业知识、专业技能，还包括专业态度、专业形象、专业人格等。在幼儿教师从事幼教工作中，它不仅表现为幼儿教师对规章制度的遵守，更表现在幼儿教师的专业实践上。从服务对象来说，幼儿教师的专业伦理包括幼儿教师对幼儿的保教伦理、幼儿教师对家长的亲职伦理、幼儿教师对同事及领导的人际伦理以及幼儿教师对社区及社会的社会伦理。促进幼儿教师专业伦理的发展，对于促进幼儿教师专业化发展、建立工作中和谐的人际关系、提升幼儿园教育质量、创造自身价值和实现职业幸福具有重要价值。

　　幼儿教师专业伦理的发展是持续动态的发展过程。幼儿教师专业伦理发展的影响因素，影响、甚至决定着幼儿教师个体专业伦理发展的状态与水平。从幼儿教师个体到幼儿教师团体的专业伦理发展与幼儿教育的发展有着密切的关系，如何促进幼儿教师专业伦理发展，更好地提高学前教育水平，成为学前教育界讨论的新课题。要分析、了解、掌握幼儿教师专业伦理发展的影响因素,才能充分利用有利因素,促进幼儿教师专业伦理发展。

一、从宏观、中观与微观角度分析幼儿教师专业伦理发展影响因素

近年来,我国社会经济发展十分迅猛。社会的进步,必然要求更高质量的教育,幼儿教育质量的提升越来越受到全国人民的关注,人民对幼儿教师的要求也越来越高,对幼儿教师专业化程度的要求也越来越高,经验型幼儿教师将会被社会快速淘汰,专业型幼儿教师将迅速成长起来,这是历史和社会发展的必然趋势。当今,幼儿教师的专业伦理发展日益成为国际社会关注的焦点,幼儿园教师专业伦理发展及其影响因素也成为研究的重要课题。下面从宏观、中观、微观三个角度,并结合我国幼儿教师专业伦理教育实际,具体分析幼儿教师专业伦理规范及其对幼儿教师专业伦理发展的影响,对促进幼儿教师专业伦理发展及提升学前教育质量具有重要意义。

(一)从宏观角度分析

幼儿教师专业伦理是幼儿教师专业化发展的核心内容之一,是幼儿教师专业化不断提升其专业特性与品质的过程。世界上一些教育发达国家的经历告诉我们,教师专业伦理的发展对教师专业化发展有着十分重要的价值,也是教师专业化水平提升的必然要求。国际劳工组织和联合国教科文组织在 1966 年《关于教师地位的建议》中指出:"应把教育工作视为专业的职业,这种职业要求教师经过严格的、持续的学习,获得并保持专门的知识和特别的技术。"文件中呼吁各国确立教师专业地位,这也是世界范围内首次以官方文件的形式对教师专业化予以明确说明。此后,很多教育发达的国家先后出台了以提高教师专业化水平为目的

的理论研究和政策法规等,教师教育专业发展得到重视。① 这是教师发展与研究的里程碑式的进步。

1. 国外教师专业伦理规范发展脉络

美国最早开始重视教师专业伦理的教育。如 1896 年,美国乔治亚州教师协会就颁布了《教师专业伦理规范》;通过大量研究后,全国教育协会于 1929 年制定并颁布了《全国教育协会伦理规范》。为了提高规范的实效性,全国教育协会于 1941 年将规范定名为《教学专业伦理规范》,于 1963 年、1968 年和 1972 年分别对规范进行了完善,并将其改名为《教育专业伦理规范》。为保障规范的执行力,发挥其在教育实践中的效果,全国教育协会于 1975 年、1986 年又对规范进行了重大修订,使规范更加完善,并沿用至今。规范中提出了 16 条教师对专业和学生应履行的伦理规范,明示要保障学和教的自由,并且确保所有人享有平等的教育机会。具体的条文中强调"不得无故阻止学生接触各种不同的观点"及"不得出具不符合事实的专业资格证明"等。教师要具有高度的责任心,具有最高尚的专业服务理想,因为教师专业的服务质量直接影响着国家的发展和公民素质的提高。教师应该尽力提升自己专业伦理标准,营造积极氛围。国家鼓励教师进行职业伦理相关的训练,创造条件吸引有教育信仰的人加入教师队伍当中,不合格的人不能从事教师职业。《教育专业伦理规范》是教师专业伦理规范走向成熟的标志,规范直接将教师的职业道德从教师教育中分离出来,这个规范成为教育界教师专业伦理规范和研究的重要标志性文件。这一文件,也被世界各国视为促进教师教育专业伦理发展、提高教师社会地位和提升国家教育质量的成功策略。

---

① 郅庭瑾、曹丽:美国教师伦理与职业道德教育的发展及启示,《全球教育展望》,2009(5):34—38。

　　进入 20 世纪 80 年代后,随着教师专业化水平的不断提升,对教师专业标准的研究也发展起来了。美国教师教育协会(AACTE)明确提出:新教师应当掌握专业合作、专业伦理、法律权利和责任等方面的知识。1996 年,美国制订了《优秀教师行为守则》,共计 26 条,对教师行为准则要求非常具体,例如 17 条规定民主平等型的师生关系"不要与学生过分亲热,但态度友好"。25 条处理和学生的关系时要"多动脑筋,少用武力"等。此后,美国基础教育、高等教育界先后发布了《伦理规范与承诺说明》《美国教授职业伦理声明》等一系列文件,对教师伦理规范进行了具体而明确的规定,十分具有实践性和操作性。

　　1951 年,日本也出台了相关政策规范指导日本教职员的道德行为,即《教师伦理纲领》。《教师伦理纲领》要求日本教师自身应有良好健康且适度的生活卫生习惯、有良好的教养;有坚强的意志和坚韧的性格;自尊、自主、自律、诚实;有责任心、有理想、有进取心,热爱真理、努力追求并实现理想。对他人具有宽容、慈善、体谅、亲切、温暖、感谢心与同情心;尊重他人,社交礼仪举止适度;具有健康的异性观。热爱自然、敬畏自然、尊重生命等。

　　1997 年,新西兰教师协会出台了《注册教师职业道德规范》。该规范强调在教师专业互动中必须遵循自主性、公正性、求善和求真的基本原则。履行教师对学生的基本责任;要培养所有学生的思考能力和独立行为能力,并努力鼓励学生对民主社会的基本价值观,对国家有明智的理解和认同;必须明确教师与学生的家长(监护人及家人)是合作关系,应鼓励和引导他们积极地参与到孩子的教育中;教师对社会和本职业的责任也表现在积极支持有关促进人人机会平等的政策和计划、平等合作。

　　2006 年,加拿大安大略省教师协会颁布修订版《安大略省教师职业道德标准》,教师应具备关爱、尊重、信任、正直的重要品质。2007 年英国国家教师联合会发布了《教师专业伦理守则》,提到教师面对专业伦理守则应自律甚于他律,教师专业伦理规范主要依靠自我规约。2012 年 9 月,英国政府颁布新修订的《教师标准》,对教师个人和专业操守进行了明确规定,还规定了教师的法定责任和义务,以此为个人从事教育教学活动的依据和判断评价的标准。法国于 2010 年也提出中小学教师应具备的十大能力和职业行为规范。2014 年 2 月俄罗斯颁布了《教师专业伦理法样法》,具体提出对教育工作者的每一项伦理和专业操守要求等。

从国际角度来看,大多数国家很早已经意识到教师专业伦理在教师专业发展和教育质量提升中的重要价值,并积极进行研究和采取相关政策措施,以法律、规范等形式确立和施行;也有些国家建立了完整的运行机制,考核、评价、监督和奖惩形成一个完整的运行系统。不过,早期的教师专业伦理规范,没有明显的教师级别界定,而是对所有(包括大学、高职、中小学、幼儿园教师等)教师的规范。各国都是以政策法规的形式颁布了教师专业伦理的相关文件,以约束本国教师的行为,保护学生权益,同时还提出了相应的监督和处理方式,并强调教师对自己言行的规范引起足够的重视和警惕,自觉遵守相关文件的要求,发展自身的专业伦理水平。

2. 国外教师专业伦理建设推动我国幼儿教师专业伦理发展

国外一些教育发达的国家随着教师专业伦理规范建设的发展,对不同级别的学校教师提出了具体的专业伦理规范,特别是对幼儿教师专业伦理提出的相应的规范,对我国幼儿教师专业伦理构建起到了强有力的借鉴作用,有效促进了我国幼儿教师专业伦理的发展。

美国最早开始正式讨论幼教专业伦理守则,20 世纪 80 年代末 90 年代初,美国全美幼教协会、州际新教师支援与评量协会和美国专业教学标准委员会分别制订了《美国幼儿教育职业准备专业标准》《新教师许可、评估与发展的模型标准》和《优秀幼儿教师专业标准》。1987 年,美国全美幼教协会制订了《NAEYC 幼儿教师伦理行为准则与承诺声明》。美国幼儿教师专业标准包含三个不同专业发展阶段的幼儿教师专业标准和四个维度的内容。三个不同专业发展阶段的幼儿教师的专业标准是指《美国幼儿教师职业准备专业标准》、《新教师许可、评估与发展的模型标准》和《优秀幼儿教师专业标准》,这三个专业标准相辅相成、层层递进,分别对应着幼儿教师专业发展的三个阶段,分别为幼儿教师的培养、入职准入和在职培训提供依据。美国幼儿教师专业标准四个维度的内容包括专业知识、专业能力、专业性向和专业伦理。而《NAEYC 幼儿教师伦理行为准则与承诺声明》主要维度是专业伦理,这份文件适合于任何专业发展阶段的幼儿教师对自身专业伦理发展的引导。为了使幼儿保育得到最大程度的重视和保护,美国全美幼教协会制订了《早期儿童项目管理者的补充条款》和《早期教育成人教育者的补充条款》,将专业伦理扩大到早期儿童项目管理者和早期教育成人教育者。美国幼儿教师应该具备的专业伦理标准是由全美幼教协会单独制订的,它在内容方面分别从对儿童、家庭、同事、社区与社会四个方面对幼儿教师必备的伦理责任进行了规定。在伦理责任中,每一方面又分成理想目标与原则两个层次:理想目标是幼儿教师在伦理责任中希望达到的最高层次;原则是幼儿教师在幼儿园教育活动实践中伦理责任的最低层次要求。理想目标共有三十五条,原则共有四十八条。这些伦理行为准则,使幼儿教师能获得自觉履行专业责任,满足社会需要,维护专业声誉的专业伦理知识和技能,减少因缺乏专业伦理知识和技能而产生鲁莽行为以致于伤害幼儿的风险性(危险性)行为,有利于加强幼儿教师的专业自律意识,强化幼儿教师专业行为控制,进而提高幼儿教师保教工作的专业地位。[①]

---

① 杨晓萍、廖为海:中美幼儿教师专业标准:背景、内容与比较,《今日教育:幼教金刊》,2016(1):1—4。

　　英国在 20 世纪 80 年代后开始重视教师专业标准的制定。1984 年，英国政府成立了教师教育资格认定委员会，并在委员会推动下，制定出英国教师专业标准框架，包括合格教师资格标准、入职教师标准、资深教师标准、优秀教师标准和高级技能教师标准。虽然该国没有专门为幼儿教师制定专业标准，但是，这一框架也涵盖有基础教育（包括幼儿教育）各个阶段的教师专业标准。1989 年，英国教育行政部门对合格教师的标准做了明确界定，并规定所有由地方政府兴办或补助的学校教师必须是合格教师。2002 年，英国教育标准局和英国师资培训署颁布了《英国合格教师专业标准与教师职前培训要求》，旨在提高教师专业的标准。英国的申请者要获得合格幼儿教师资格认证，首先需要具有教育专业学士学位。如果是非教育专业学士学位申请者，需要再接受一年教育专业的专门训练，并获得研究生教育证书，才有资格申请。申请者在获得批准之后，须至少在 2 所学校共进行 18 周的教育实习，实习合格结束后，参加语言表达能力、个性、体质与心理、个人品质、智力等教师个人素养的综合考核，还需要参加三种核心职业技能测试。以上所有测试都合格后，才能获得幼儿教师资格证书。

　　日本 1947 年颁布《学校教育法》，将幼儿园正式纳入学校教育的体系之中。幼儿园的保姆也被正式纳入教师行列。为了提高和保障教师专业质量，1949 年日本公布了《教育职员许可法》和《教育职员许可法施行规则》，专业规范了幼儿教师资格。于是，日本的幼儿教师资格制度正式建立，不论是国立、公立还是私立的幼儿园，取得"幼儿教师许可证"是成为幼儿教师并能够任教的必备条件。

　　我国台湾地区也参考了美国《NAEYC 幼儿教师伦理行为准则与承诺声明》，并于 2001 年正式发布了台湾地区的《幼儿教育专业伦理守则》。这份文件具体规定了台湾地区幼儿教师专业伦理的要求,并以此对行业进行评估和监督,帮助幼儿教师分析和解决相关伦理困境、问题。

世界各国都在积极努力为幼儿教师专业伦理发展进行规范。同时,世界各国对幼儿教师专业伦理要求在不断发生变化,并通过教育改革和政策法规的制定促进幼儿教师专业伦理发展,以帮助幼儿教师适应教育改革发展的需要,确保学前教育质量,促进国家学前教育事业的顺利发展。

3. 我国教育政策法规对幼儿教师专业伦理发展的推动

在世界教育改革的背景下,我国的教育也在高速发展,无论是高等教育、中等教育、基础教育或成人教育都发展十分迅速。在高速发展的教育背景下,各阶段教育改革如火如荼地拉开了帷幕,在课改的浪潮中此起彼伏。在这种大发展、大机遇的国际国内大趋势下,特别是我国《3—6 岁儿童学习与发展指南》和三年幼儿教育行动计划实施以来,幼儿教育质量得到了前所未有的高速发展。相应地,对幼儿教师的专业水平的要求也越来越高,特别是对幼儿教师的专业伦理提出了更高的专业要求。而我国一些政策法规的颁布和运行机制的建立对幼儿教师专业伦理发展起到了很大的促进作用,对幼儿教师专业伦理的积极作用体现在:明确和深化幼儿教师教育对象的特殊性并明确幼儿教师工作性质的特殊性,明确幼儿教师准入制度,彰显幼儿教师团体的特征,规范幼儿教师专业行为,体现幼儿教师专业工作的规范化与标准性,明确幼儿园管理和办园制度等等。1993 年 10 月 31 日八届全国人大常委会第四次会议通过的《中华人民共和国教师法》于1994 年 1 月 1 日起施行。这是中国历史上第一部专为教师制定的法律,它标志着我国教师队伍的建设将走上规范化、法制化的轨道。《中华人民共和国教师法》第一章第三条对教师的概念作了全面、科学的界定:教师是履行教育教学职责的专业人员,承担教书育人、培养社会主义事业的建设者和接班人、担负着提高民族素质的神圣使命。教师应当忠诚于人民的教育事业。《中华人民共和国教师法》对教师概念的这一界定，第一次从法律上确认了教师的社会地位和专业性。《中华人民共和国教师法》中提出的教师义务的首条就是"遵守宪法、法律和职业道德，为人师表"，对教师的权利、资格和任用、培养和培训、考核、待遇、奖励、法律责任等都有详细的明文规定，对教师行为有明确的指向。这也使幼儿教师在从事幼教工作中有法可依、有章可循。积极促进我国的幼儿教师职业开始向幼儿教育专业化转变，这对幼儿教师的素质提出新的更高的要求，即幼儿教师专业伦理高度发展的需求。任何专业的持续高度发展都是建立在系统的合理的伦理规范的基础上的，否则将失去发展的可能。当然，专业伦理规范防止和规约专业人员出现严重过失，也能够从侧面保护公共利益不受损失。

1996年3月9日由中华人民共和国国家教育委员会颁布，1996年6月1日实施的《幼儿园工作规程（试行）》（以下简称《规程》），是我国学前教育法规的重要文件。《规程》提出："幼儿园教师必须具有《教师资格条例》规定的幼儿园教师资格，具有良好品德，热爱教育事业，尊重和爱护幼儿，具有专业知识和技能以及相应的文化和专业素养，为人师表，忠于职责，身心健康。"这就标志着一个合格的幼儿老师不仅具有专业技能，还要注重自身教育行为，这已经开始意识到幼儿教师应具有专业伦理素养。

2001年9月由中华人民共和国国家教育委员会制定的《幼儿教育指导纲要（试行）》（以下简称《纲要》）正式颁布，这部国家性的法规文件对日益发展的幼教事业给予了政策上的指向和护航，从根本上规定了幼儿教育理念，奠定了幼儿教育在国民教育体系中的根本性地位和幼儿教师的根本性价值。《纲要》的颁布是我国学前教育的一场重大变革，从思想上、理论上为我国幼儿教育事业指明了发展的根本性方向，也为幼儿教师留有更加广阔的发展空间,有利于幼儿教师在教育教学实践中不断探索、研究、开拓、创新。《纲要》对幼儿教师专业素质和专业行为也提出了具体要求,突出了专业素养,提出了幼儿教师职业具有社会功能的不可替代性,把以高质量的教育实践的公众服务作为目标的追求与导向。从另一方面来说,《纲要》提出的全新幼儿教育理念对每一个幼儿教师也提出了严峻的挑战,幼儿教师的专业发展问题比以往任何时候都更加迫切。幼儿教师质量也前所未有地受到全国人民的关注。

2005 年 3 月教育部下发了《关于规范小学和幼儿园教师培养工作的通知》,要求各级行政部门要组织开展小学和幼儿园教师培养工作的专项评估,对小学和幼儿园教师的职前培养机构都规定了办学条件等。为促进幼儿园教师专业伦理发展,建设高素质幼儿园教师队伍,根据《中华人民共和国教师法》,教育部 2012 年颁布出台了《幼儿园教师专业标准(试行)》(以下简称《专业标准》)。《专业标准》遵循师德为先、幼儿为本、能力为重、终身学习的基本理念,是国家对合格幼儿教师专业素质的基本要求,是幼儿教师开展保教活动的基本规范,是引领幼儿教师专业发展的基本准则,是幼儿教师培养、准入、培训、考核等工作的重要依据。《专业标准》强调幼儿教师从事幼儿保教工作需要具备专业理念和师德、专业知识、专业能力,这三个维度分为十四个领域:职业了解与认识、对幼儿的态度和行为、幼儿保育的态度和行为与个人修养;幼儿发展知识、幼儿保育和教育知识、通识性知识;环境的创设与利用、一日生活的组织和保育、游戏活动的支持和引导、教育活动的机会与实施、激励与评价、沟通与合作、反思与发展。在这十四个领域中,还包含了六十二条基本要求。《专业标准》提出的这三个维度、十四个领域和六十二条基本要求是相互联系、相辅相成、融为一体的关系,一起构成了幼儿教师应该具备的专业素质结构框架,它们不仅是幼儿教师职前培养标准和入职认证标准,还是幼儿教师在职培训的标准。

2010 年 7 月正式发布的《国家中长期教育改革和发展规划纲要(2010—2020 年)》(以下简称《教育规划纲要》)第一章第二条提出"优先发展、育人为本、改革创新、促进公平、提高质量"。第二章第三条提出"到 2020 年,基本实现教育现代化,基本形成学习型社会,进入人力资源强国行列。"第三章第五条、第六条、第七条重点对学前教育提出了具体要求。"基本普及学前教育。积极发展学前教育,到 2020 年,普及学前一年教育,基本普及学前两年教育,有条件的地区普及学前三年教育。重视 0 至 3 岁婴幼儿教育。""明确政府职责。建立政府主导、社会参与、公办民办并举的办园体制。加强学前教育管理,规范办园行为。制定学前教育办园标准,建立幼儿园准入制度。完善幼儿园收费管理办法。严格执行幼儿教师资格标准,切实加强幼儿教师培养培训,提高幼儿教师队伍整体素质,依法落实幼儿教师地位和待遇。"百年大计,教育为本,国家发展,教育先行。《教育规划纲要》把教育摆在优先发展的战略地位,是党和国家提出并长期坚持的一项重要方针政策。《教育规划纲要》对学前教育提出明确的规定和发展目标,对加快高素质幼儿教师队伍建设、促进学前教育发展具有重要意义。

2012 年 10 月 9 日由教育部正式颁布《3—6 岁儿童学习与发展指南》(以下简称《指南》)。这是为深入贯彻《教育规划纲要》和《中共中央国务院关于学前教育深化改革规范发展的若干意见》(国发〔2010〕41 号),指导幼儿园和家庭实施科学的保育和教育,促进幼儿身心全面和谐发展,防止和克服学前教育"小学化"现象提供了具体方法和建议而制定的文件。《指南》的研究始于 2006 年,我国成立专家组分析比较了 13 个国家早期儿童学习与发展指南的相关内容,并用近两年时间广泛征求幼儿园园长、教师和家长的意见,在全国东中西部抽取 3600 名幼儿及其家长作为测查对象。正式文本出台前,先后两次面向各省(区、市)教育行政部门和有关师范院校征求意见,又在教育部门户网站面向社会公开征求意见,在分析比较多方调研后正式发布。贯彻落实《指南》是加强科学保教,推进学前教育管理科学化、规范化的重要举措。面对新世纪第二个十年教育改革与发展的历史重任,中央国务院颁布《教育规划纲要》,明确提出要把提高质量作为今后教育改革发展的核心任务,建立以提高教育质量为导向的管理制度和工作机制,这是指导今后各级各类教育管理和制度建设的总体方向和要求。《指南》正是在这样的新形势下应运而生,为幼儿教师和家长了解幼儿的身心发展水平和特点提供了更加具体、可操作的依据和指导。《指南》的下发,标志着我国学前教育管理制度的进一步健全与完善,促进了我国学前教育管理的科学化和规范化,对于推动学前教育科学发展具有重要的历史意义。贯彻落实《指南》是提高幼儿教师专业素质和实践能力、全面提高学前教育质量的一项紧迫任务。《指南》全面、系统地明确了3—6岁每个年龄段幼儿在各学习与发展领域的合理发展期望和目标,也对实现这些目标的具体方法和途径提出了具体的、可操作的建议。正确领会和理解《指南》的理念和要求,熟知3—6岁幼儿的身心发展特点和行为表现,是对每一个学前教育工作者最基本的专业知识和实践能力要求。《指南》的出台对全面提高广大幼儿教师的专业素质和教育实践能力具有重要的指导意义,无疑对幼儿教师的专业发展提出了更高的要求。

2017年习近平总书记在党的十九大报告中明确提出"加强师德师风建设,培养高素质教师队伍,倡导全社会尊师重教"。育有德之人,需有德之师。教师的专业伦理水平决定着整个教育工作的价值取向和对学习者的引领。习近平总书记高度重视师德建设,针对教师队伍建设提出了"四有好老师""四个引路人""四个相统一"等系列重要论断。习近平总书记激励做"四有好老师"的标准是"有理想信念""有道德情操""有扎实学识""有仁爱之心"。"四个引路人"即"做学生锤炼品格的引路人,做学生学习知识的引路人,做学生创新思维的引路人,做学生奉献祖国的引路人"。坚持"四个相统一","即坚持教书和育人相统一,坚持言传和身教相统一,坚持潜心问道和关注社会相统一,坚持学术自由和学术规范相统一"。总书记还指出"扎实的知识功底、过硬的教学能力、勤勉的教学态度、科学的教学方法是老师的基本素养,其中知识是根本基础"。总书记的讲话点名了教师的角色担当与重要作用,更为提高教师培养培训质量指出了方向。这些要求与使命,是新时期进一步加强各级各类教师队伍建设、培养高素质专业化创新型教师的指南,为新时代师德建设和教师的专业伦理发展指明了方向。

2018 年 11 月,教育部颁布了各级各类教师职业行为准则,覆盖大、中、小、幼、职、特教育全系统全领域。其中《新时代幼儿园教师职业行为十项准则》涵括幼儿教师职业行为全方位全过程。明确了新时代幼儿教师职业规范,针对主要问题、突出问题划定了基本底线,是对广大幼儿教师的警示提醒和严管厚爱,是深化师德师风建设,造就政治素质过硬、业务能力精湛、育人水平高超的高素质教师队伍的关键之举。随着幼儿教育改革的深入,在推进幼儿教师专业化进程中,建立教师专业伦理规范显得尤为必要和重要。经验型幼儿教师仅凭职业道德来约束,相对带有被动受制约性;而专业型幼儿教师须通过专业伦理规范来导引,体现出幼儿教师的伦理自主性与自觉性。作为一种专业的伦理要求,不同于普通职业道德规范,应当从幼儿教育专业角度出发,加强幼儿教师专业伦理规范建设,从而体现幼儿教师的专业素养、专业能力与专业精神。

2018 年 11 月,中共中央国务院印发了《关于学前教育深化改革规范发展的若干意见》(中发〔2018〕39 号文件),教育部基础教育司司长吕玉刚说:"这是新中国成立以来,第一次以党中央国务院名义专门印发学前教育改革发展的文件,是党中央国务院立足新时代、心系发展大局、情牵民生福祉作出的重大战略决策,具有重要里程碑意义".①《中共中央国务院关于学前教育深化改革规范发展的若干意见》的具体要求是:明确提出要提高幼儿教师的素质。要严把幼儿教师的入口关,全面落实持证上岗制度。健全幼儿教师培养体系,办好幼儿师范教育,扩大有质量的幼儿教师供给。制定幼儿教师培训课程指导标准,实行幼儿园园长、幼儿教师定期培训和全员轮训制度,进一步提高幼儿教师的科学保教素质和能力。到 2020 年,基本形成以本科为主体的幼儿教师培养体系,本专科学前教育专业毕业生规模达到 20 万人以上;建立幼儿教师专业成长机制,健全培训课程标准,分层分类培训 150 万左右的幼儿园园长、幼儿教师;建立普通高等学校学前教育专业质量认证和保障体系,幼儿教师队伍综合素质和科学保教能力得到整体提升,幼儿教师社会地位、待遇保障进一步提高,职业吸引力明显增强。从而实现到 2035 年,全面普及学前三年教育,为幼儿提供更加充足、更加普惠、更加优质的学前教育。

(二) 从中观角度分析

改革开放以来,特别是进入 21 世纪以后,我国学前教育事业取得了长足发展,学前教育进入快速发展的轨道。但是,这样的高速发展也出现了很多问题,当然,也存在很多历史遗留问题。如我国幼儿教师对幼儿教师专业伦理意识和专业伦理情感淡漠,专业伦理行为不规范,专业伦理意志不足等教育问题。2018 年 11 月颁布的《中共中央国务院关于学前教育深化改革规范发展的

---

①　吕玉刚:教育部介绍贯彻落实《中共中央　国务院关于学前教育深化改革规范发展的若干意见》有关情况[EB/OL]. http://www. gov. cn/xinwen/2019-04/18/content_5384489. htm,2019－04－18。

若干意见》明确指出："教师队伍建设滞后"是学前教育发展的"短板"。主要表现在：学前教育资源尤其是普惠性资源不足，政策保障体系不完善，幼儿教师队伍建设滞后，监管体质不健全，保教质量有待提高等。教育部人文社会科学研究规划项目"教师的日常生活与伦理智慧养成研究"，对此类问题进行了探讨认为，伦理为职业之基。"教书育人"是幼儿教师的天职，是倡导幼儿教师朝着"怎么做更好"的方向自主履行幼儿教师的职业使命。幼儿教师们在履行职业使命时，无形中忽视了其背后隐含的专业伦理教育的缺失。其影响因素表现为以下几方面：

1. 职前教育中相关高校未设专业伦理课程

目前，我国师范教育幼儿教育专业伦理课程还没有发展起来。在职前教育教师培养过程中还是以专业知识、艺术技能、教学技巧等知识导向为主，而教学中的伦理问题却很少受到关注，这样培养起来的幼儿教师专业伦理认知只是停留在一些抽象、笼统的理念上，导致其入职后在教育工作中的课程、教学、评价与幼儿园管理等方面出现教师专业伦理的缺失，没有幼儿教师专业伦理认知，这很容易出现没有能力判断的情况，所以对一些违背幼儿教师伦理的情况也认为是"理所当然"的事情。比如很多学前教育同行常常发现：我们到国外一些幼儿园观摩访问时，他们允许我们可以拍幼儿园的建筑、环境布置，但教室内不允许拍照，如果要拍，要事先通过"家长同意单"取得家长的同意。而在课堂研讨过程中，特别是在展示其调研成果时，需把幼儿的正面图片打上马赛克，这是对幼儿权益的维护。但这些事情在我们大陆幼儿园的日常生活中，拍幼儿照片、幼儿作品照片、录幼儿形象的视频却常常被视为无所谓，基本或很少考虑和尊重幼儿的肖像权、隐私权的问题，我们常常看到幼儿的照片、作品、视频在各个网站发布，这正是因为幼儿教师或相关工作人员专业伦理缺失造成的结果。

幼儿教师专业伦理教育职前教育是基础。在职前教育中,很多高校没有设立幼儿专业伦理课程,也没有进行专业伦理案例解析,更没有启发幼儿思考分析,进行经验总结并引导学生内化为行为。学生在思想上对幼儿教师专业伦理没有意识更没有重视,根本谈不上了解幼儿教师专业伦理的法则、规则、原则、规范,也谈不上培养幼儿教师专业伦理情感、行为,幼儿教师专业伦理意志更是一句空话。正因如此,这些学生从业后,往往做出违背幼儿教师专业伦理的事情。所以,加强职前幼儿教师专业伦理教育,加强幼儿教师专业伦理实践,发展幼儿教师专业伦理情感,锻炼幼儿教师专业伦理意志是必要而急迫的。

2. 地方政府中教育职能部门和幼儿园没有完整齐备的幼儿教师专业伦理运行机制

(1) 专业伦理机制限制

① 没有明确的幼儿园教师专业伦理规范

幼儿教师专业伦理机制是幼儿教师专业伦理制定、运行、评价与保障的循环发展过程,所以幼儿教师专业伦理规范的制定是伦理机制的重要组成部分。而伦理机制是幼儿教师专业伦理发展的重要保证,是幼儿身心健康发展价值目标实现的基础。幼儿教师专业伦理不但要体现最高的伦理理想,还应该有具体的指导操作性、实践性。与其他国家或者地方相比,我国幼儿教师专业伦理规范制定的机制是不完善的,缺乏专门针对幼儿教师群体制定的幼儿教师专业伦理规范,目前可依照的规范是来自幼儿园自己寻找依据自己制定的,多是依据国家的相关行为准则等法律法规的规定。也有幼儿园制定了本园的教师行为规范条例,然而这种草根条例本身也缺乏全面性、规范性、科学性。从上至下的规矩不明造成了幼儿教师伦理选择"两难"。幼儿园教师要践行专业伦理,前提是必须知道什么行为是允许的、什么行为是严厉禁止的,这样才能做到有法可依、有法必依,而《专业标准》注重"师德为先"的理念为幼儿教师的专业伦理建设指明了方向。但是，在实际中对于考核教师是否以及怎样践行这些标准，却缺乏与《专业标准》相配套的具体、明确的幼儿教师专业伦理规范。[①] 幼儿教师更加需要针对幼儿教师群体和工作特性制定的具有自身专业特点的幼儿教师专业伦理规范。制定主体是教育行政部门和工会，教育部是国家的行政机构，既然是行政机构，那么制定伦理规范的主体就是非幼儿教师专业团体。"伦理两难选择"时的"无法可依"。行为规范方面的规定太过于模糊，不能为幼儿教师提供参考依据，所以幼儿教师在实际行为中存在了很多困境，他们在评价周围同事时没有客观评价标准可参考，使得他们在处理同事关系时，多感情用事，整体的观念和行为出现不符的现象。……当幼儿教师遇到"伦理两难"困境时求助无门或者求助对象多样反而更没有效果。[②]

此外，现代社会的多元性和矛盾性，教育场域内规范体系的多元化，也造成了幼儿园教师绝大多数的伦理困境，教师们所处的时代特性成为伦理困境产生的背景性因素，其中现代社会中的多元文化价值观和课程改革中的教育魅惑成为教师产生伦理困境的基础性原因。[③]

标准不统一不完善，要求不统一不完善，管理不规范不完善，监督与评估机制没有建立起来，致使幼儿教师专业伦理发展失其土壤、失其根源。

② 相关部门的监管缺位，伦理监督机制缺失

社会缺失对幼儿教师行为的管理和监督机构，整个幼教行业

---

① 张地容、杨晓萍：论幼儿园教师专业伦理的实践困境与路径选择，《中国教育学刊》，2014(5)：99—102。

② 张杰：幼儿教师专业伦理困境研究，重庆：西南大学博士学位论文，2015：93。

③ 李曼：幼儿园教师专业实践中的伦理困境研究，上海：华东师范大学硕士学位论文，2016：91。

缺乏一个组织对幼儿教师的伦理行为进行解释,使得幼儿教师在遇到"伦理两难"以及超越底线的行为时,缺少求助的对象。没有建立起有效的对幼儿园教师专业伦理行为进行评价和监督的机制,[①]教师的知行不一致,[②]如何做好监管工作也是一重大问题。相关的教育监管部门有没有履行职责、有没有做相应的整改方案都是值得关注的前提。

(2)幼儿园

① 幼儿园制度限制

幼儿园能自觉地对于环境状况进行分析判断,独立决定自己的行动方向、内容和步骤,并能对自我进行不断调控,在人们眼中总是被赋予某种人格形象的。幼儿园的行为像人一样,是以某种"心理"过程为基础的,而"心理"运动过程总会产生需求并不断寻求对需求的满足。根据马斯洛区分的 5 种需要层次,不同发展水平的幼儿园有不同水平层次的发展需求,在某种情境之下会有某种需要居于主导地位。所以,目标的层次在根本上决定了幼儿园的层次,也决定了幼儿园的发展前途,直接影响幼儿教师的伦理决策,导致幼儿教师陷入伦理困境。[③] 各类幼儿园、各层次幼儿园没有统一的最基本的幼儿教师专业伦理规范标准,标准的缺失、需求的不同导致幼儿园对幼儿教师行为管理标准的差异极大。

此外,幼儿园对教师心理疏导机制缺乏。据调查,大多数园所没有设立专门的心理咨询室,更没有专业的心理咨询师,有个别幼儿园为幼儿开设了心理咨询室,关注幼儿的心理健康,但没有为幼儿教师开设,也很少针对不同幼儿教师的具体个性与心理

---

① 王小溪:幼儿园教师专业伦理研究,长春:东北师范大学博士学位论文,2013:60。

② 张杰:幼儿教师专业伦理困境研究,重庆:西南大学博士学位论文,2015:97。

③ 张杰:幼儿教师专业伦理困境研究,重庆:西南大学博士学位论文,2015:100。

情况定期开展疏导工作。[①] 加之园所也习惯于以一种刻板的、形式化的方式来规范教师的行为,普遍将教师绩效考核和师德挂钩,运用一份师德的量化标准、采用打分的形式来考核幼儿园教师的日常保教行为,使考核失去了人情味。[②] 幼儿教师工作压力大、工作繁重、工作时间长、待遇低、没有什么社会地位,特别是民办幼儿园教师压力更大。幼儿教师的知识水平、学历层次、生存能力等各方面的限制与压力,如果不能得到及时的心理疏导,很容易形成心理问题,对幼儿、对自身、对工作造成严重的影响。

② 幼儿教师自身限制

我国对幼儿教师的培养也存在一些问题,多数培养院校的毕业生技能发展重于素养培育,或知识重于经验,或能力重于德性,幼儿教师呈现单向度发展趋势,不和谐的教师难以培育和谐的幼儿,心理不健全的教师更难以培育健全发展的幼儿。

③ 幼儿园伦理培训的缺失

无论是国家级培训、省市级培训、园本培训,还是职前培养职后培训,几乎都没有幼儿教师专业伦理的专门培训项目。由于缺少关于专业伦理内容的培训,使得幼儿园教师不知道、不了解专业伦理的相关知识与要求,几乎没有幼儿教师专业伦理意识。而且,当前幼儿园师德规范的内化过程中,相关的职前教育也没有足够重视师德的问题:一是职前教育中关于师德规范的教育内容不多,即使有,授课教师也缺少专题研究,了解得很浅显,并不能达到培育学生的目的;二是在职前实习中,部分幼儿准教师没有意识到相关专业伦理问题并进行处理,也就没有面对伦理困境和解决伦理问题而培育起来的技巧和智慧。

---

① 张晓君:师幼互动中的伦理问题研究,杭州:浙江师范大学硕士学位论文,2015:35。

② 张晓君:师幼互动中的伦理问题研究,杭州:浙江师范大学硕士学位论文,2015:35。

3. 幼儿教师园内组织文化缺失与社会示范影响不佳

（1）园内组织文化缺失

幼儿园的组织文化由幼儿园的组织理念文化、组织行为文化、组织制度文化、组织管理文化等构成，也可由幼儿园管理组织文化、幼儿教师组织文化等构成。幼儿教师是幼儿园组织文化的核心主体和核心受体，是幼儿园组织文化实施的主要角色，幼儿教师所在的组织利益诉求直接影响幼儿园组织文化诉求。目前很多幼儿园没有发展组织文化的意识，园内管理文化与教师文化松散，指向不同，没有凝聚为园内组织文化。

① 组织利益指向不同

政府在幼儿教育中所担的责任比重很大。国家的教育目的和期望在幼儿教育阶段是非常合理的，但政府下属部门在实际指导幼儿教育发展的过程中，各级政府部门需求指向不同，各地区的指向也不同，加之社会力量的各种诉求差异，导致幼儿教师在不断变化的发展指向中无所适从、茫然无措。而幼儿园内部也是各种需求指向不明朗的情况居多，为应对上级部门不同的要求和标准，管理幼儿园的标准常常朝令夕改，幼儿教师夹于其中，多方应对和调整，压力倍增。与此同时，幼儿教师的专业伦理实践还遭遇到园方、同事和幼儿的不同角色需求，园方如果侵害了幼儿的发展需求、同事如果侵害了幼儿发展的需求，对教师来说都是专业伦理的大挑战，是忠于专业，是忠于幼儿园，是忠于同事关系，是维护教师团体，还是以幼儿利益为上？都会导致幼儿教师不可避免地纠葛在实践的伦理困境中。

② 组织专业关系限制

幼儿教师专业从创立起就显现出与其他专业的一个重要区别，即专业独特的伦理相关性或道德特质。幼儿教师始终把人道主义、利他主义以及建立至善的教育生活作为自己的专业旗帜，幼儿教师也把"幼儿成长中的情感获得""幼儿成长中的知识获得""幼儿成长中的能力获得"等作为自己的专业使命。幼儿教师对专业使命的这种定位是其道德特质的表现。专业的道德特质决定了幼儿教师的活动必然是以促进幼儿的健康成长,健全人格、情感为目标。[①] 专业关系的形成涉及互动多方应有的社会规范和各种规则要求,对幼儿教师来说是为了有效帮助幼儿成长,但是人情在现实社会中常常是幼儿教师不得不去在意和遵循的习俗。如幼儿园领导的不合理管理、同事对待幼儿的不合理行为和态度等等,幼儿教师常常因为人情而漠视幼儿的发展需求或是将幼儿的发展需求放在人情之下,这不可避免地偏离或违背专业伦理规范的要求。

（2）不利社会文化的影响

幼儿园教师职业的待遇和地位直接影响到幼儿园教师的质量。幼儿教师的收入、社会地位和其他角色的关系都会对教师的专业发展无形中产生影响。就目前来看,幼儿教师收入普遍较低,社会地位不高,在专业人员中权威较低,这些给幼儿教师工作积极性带来很大的负面影响。[②] "同工不同酬"的差异导致部分幼儿园教师工作积极性不高、自我认同感低,倦怠现象严重等问题。[③] 现代社会的高风险、利益追求主流化、个性特色大胆明显化等,对幼儿教师的人生观、世界观、价值观,专业理想等都是巨大的考验,物欲横流、个性张扬、自私自利甚至成为所谓"正当"行为,无疑对幼儿专业伦理发展带来了严峻的挑战。

---

① 张杰:幼儿教师专业伦理困境研究,重庆:西南大学博士学位论文,2015: 103。

② 李曼:幼儿园教师专业实践中的伦理困境研究,上海:华东师范大学硕士学位论文,2016:93。

③ 张晓君:师幼互动中的伦理问题研究,杭州:浙江师范大学硕士学位论文,2015:37。

① 拜金主义影响

社会经济的发展、市场法则至上、利益最大化追求,物质享乐为上等导致了拜金主义思想的滋生和蔓延,一些幼儿园不顾幼儿发展实际,只一味追求经济效益,为了能够实现高收费办园,小学化、高端化办园现象比比皆是。幼儿教师为了物质利益,无视幼儿发展需求,班内举办特色发展小组现象愈演愈烈。这些都是幼儿教师专业伦理的毒瘤,严重影响了幼儿教师专业伦理的正常发展。

② 享乐主义影响

享乐主义多为物质享乐,指追求物质产品带来的感官享受,在衣食住行等方面表现得尤其突出。我们常常发现有些幼儿教师一到幼儿园,大家就比吃的、比穿的、比用的、比玩的。生活在这样物欲横流的环境中,一味追求物质享受,不思进取,利益至上,不关心幼儿发展,幼儿教师行为失范,得过且过,这样的现象严重腐蚀了幼儿专业伦理的发展。

③ 个人主义影响

个人主义是自我中心,一切围绕自己转,追求自我自由的最大极限。这种价值观投射到幼儿教师行为方面是非常自我的。不关注幼儿,不能以幼儿发展为本,不遵循规范的约束,对幼儿教师专业伦理的发展也是十分不利的。

4. 幼儿园教师队伍质量参差不齐

学前教育稳步提升的关键在于教师质量的不断发展,即幼儿教师队伍专业能力的不断发展和专业伦理水平的不断提升。幼儿教师队伍的建设需要全面系统的规划,形成系统科学的培养体制,同时挖掘幼儿教师专业能力和专业伦理发展的影响因素,促进幼儿教师专业水平不断提升。

但我国幼儿教师队伍发展是"不平衡不充分"的,队伍质量也是参差不齐的。如最近,幼儿园虐童事件频频爆出,持续引发社会强烈关注。如：20 岁的浙江温岭蓝孔雀幼儿园老师颜艳红"为了好玩"，双手捏住班上男童的耳朵拎了起来，而看到男童大哭时竟然还笑，令人瞠目结舌，而后期对该老师"深挖"出 700 张类似的虐童照片，更是让人无法想象。人们不禁问道：为何会发生这样的事情？幼儿教师相互间相处很密切，这样的行为同班的教师、保育员不应该不知道，但为什么愈演愈烈才被暴露出来？幼儿是一个特殊的群体，他们不会保护自己，也不太懂得求助，而且，幼儿时期的任何伤害，都可能会影响到孩子的一生。这样的问题或轻或重都在幼儿园频频上演。我们想要做到"幼有所育"，必须重视我国学前教育的这一"短板"问题，幼儿教师质量真的十分堪忧。虽然我国幼儿园办园质量不断提升，学前教育三年毛入园率已经有很大幅度提升，可是，目前仍存在大量的不合格托育机构、幼儿园，导致整体学前教育质量并不高。

① 幼儿教师队伍素质良莠不齐

我国东西部、南北部发展不均衡，也直接影响了我国幼儿教育质量的不均衡。特别是现在年轻幼儿教师多数本身就是独生子女，面对孩子时，缺少耐心、细心、责任心，缺乏担当精神，常常在工作中容易出现违背幼儿教师专业伦理的行为。

② 幼儿教师队伍缺乏社会认同感和归属感

由于很多院校培养幼儿教育专业人才时的错误引导，如告诉学生幼儿教育多崇高多理想化等不切实际的错误引导，以及社会大众对幼儿教师职业的误会，如认为幼教工作就是哄哄孩子，幼儿教师只要保证幼儿在园内吃好睡好玩好，有安全保证就可以了，这种保姆定位和专业发展的低需求，导致很多心理不成熟的学生踏入幼儿教师行业之初，在现实的困难与理想的巨大差距中陷入困境和无所追求，对幼儿自然没有耐心。另外，因为幼儿教师岗位没有足够的编制，许多幼儿教师都是临时职工，特别是一些民办园的幼儿教师不能成为正式在编教师，这些幼儿教师都是聘用的,与园长是雇佣关系,存在随意性大、流动性强、教学质量堪忧等特点,幼儿教师在心理上认为是在为老板打工,办园者也本着能干就用、不能干就换的原则,双方很难建立长期的工作关系、信任关系,也很难让幼儿教师把工作当成事业来看待,从而影响幼儿教师队伍的稳定性,严重打压和挫伤了他们的进取心和积极性,幼儿教师对于工作的归属感非常低。

③ 幼儿教师社会地位和待遇偏低

随着越来越多的本科院校毕业生进入幼儿教师行列,这些幼儿教师的学历尽管与小学教师差异不大,但是地位明显偏低,存在歧视与分配不公的现象,民办幼儿园中尤其如此。随着国家对于幼儿教育的重视,幼儿教师队伍也在每年递增,但与中小学教师相比较,存在的问题与差距还是很大的。由于幼儿教师的职称、社会地位、待遇等问题,使幼教队伍的人才不断外流或转行。我国很多省市的部分地区公办幼儿教师和绝大部分的民办幼儿教师没有职称评定,直接影响了她们的社会地位和薪酬待遇,影响了工作的稳定性。在对国家学前教育工作者工资现状的调查中,发现幼儿教师队伍薪资水平处于底层阶段。幼儿教师在为自己的生存担忧之时,怎么会静下心来关心关爱幼儿,怎么会有意识地发展幼儿教师专业伦理呢?

④ 工作压力大,职业倦怠现象普遍

有些幼儿园为了市场竞争,不断给幼儿教师增加工作量,其名目繁多、琐碎,幼儿教师每天除了对幼儿进行正常生活管理外,还要培养他们进行五大领域的学习,观察记录幼儿学习情况,写教案写反思,做科研,做环创,搞各种活动、演出,还要循循善诱与家长沟通等。幼儿教师成天忙个不停,终日像一个不知疲倦的园丁,对幼苗悉心照料,工作时间长、工作任务繁重、千头万绪。面对幼儿家长的不理解和社会上有些人的漠视、轻视,心理压力可想而知,久而久之产生疲惫和厌倦,心理负担过重,容易行为失范。

总之,在近年来我国学前教育实现跨越式高速发展的背景下,幼儿教师队伍在数量上的短缺和专业发展水平上的不足已经成为制约学前教育继续前行的关键问题,幼儿教师队伍建设的步伐难以满足学前教育事业可持续发展的需要。教育部部长陈宝生在十三届全国人大常委会第十二次会议上作了关于学前教育事业改革和发展情况的报告。报告指出,"全国幼儿园专任教师缺 52 万。随着幼儿园规模扩大,我国幼儿园专任教师数量持续增加。2018 年增至 258.14 万人,按每班'两教一保'标准测算,尚缺 52 万人。公办园专任教师在编比例偏低,截至 2018 年底,全国公办幼儿园专任教师总数为 97.2 万,事业编制总量 55.6 万名,实有在编人数 44.8 万人。"①

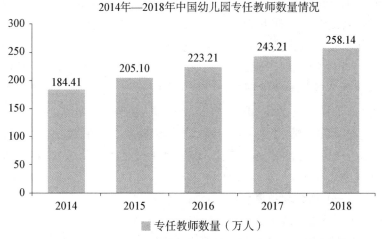

图 3 - 1 2014 年—2018 年我国幼儿园专任教师数量情况图②
(数据来源:教育部、中商产业研究院整理)

---

① 中商产业研究院整理:2019 中国幼儿园现状与问题分析[EB/OL]. https://www. sohu. com/a/336376392_350221. 2020. 04. 27。(来源:教育部)
② 中商产业研究院整理:2019 中国幼儿园现状与问题分析[EB/OL]. https://www. sohu. com/a/336376392_350221. 2020. 04. 27。(来源:教育部)

目前学前教育仍是我国教育体系中最薄弱的环节。在我国幼儿园发展过程中,除了专任幼儿教师缺口大这一严峻态势外,仍存在普惠性资源短缺、幼儿教师质量参差不齐、幼儿园管理水平不高、民营幼儿园收费高、幼儿教师男女性别失衡、幼儿园管理水平差距大等问题。有些偏远地区专任幼儿教师配置甚至更低,均未达到国家规定的相关标准。

5. 幼儿教师队伍管理体制机制不完善

《中共中央国务院关于学前教育深化改革规范发展的若干意见》提到,针对中西部 23 个省份的调查显示,53.7% 的区县没有制定解决公办园非在编教师工资的相关政策,在编教师月均工资为 5078 元,非在编教师月均工资为 2164 元,同工不同酬现象严重。有些经济欠发达地区,尤其是乡镇幼儿园,无论是在编幼儿教师还是非在编幼儿教师,工资更低,一些刚毕业的幼儿教师选择了其他工资较高的职业,幼儿教师师资流失现象严重,一些农村、乡镇幼儿园只得聘用一些高中、初中或职高毕业生,因此很难发展幼儿教师专业伦理教育。可见,部分省份在幼儿教师的身份地位、工资待遇、职称评聘、培养培训和队伍管理等相关环节缺乏专门性政策和制度化保障,导致幼儿教师的总体待遇偏低且差异很大,岗位的职业吸引力较差,难以吸引优秀人才从教,也难以留住优秀人才。

(三) 从微观角度分析

1. 幼儿教师专业伦理行为规范不明确

教育部印发《新时代幼儿园教师职业行为十项准则》指出"制定幼儿教师职业行为准则,明确新时代教师职业规范,针对主要问题、突出问题划定基本底线,是对广大教师的警示提醒和严管厚爱,是深化师德师风建设,造就政治素质过硬、业务能力精湛、育人水平高超的高素质教师队伍的关键之举。"但这只是最低的警戒线。目前,我国大陆还没有研制出专门而完善的幼儿教师专业伦理规范。同时,我国幼儿教师在职前教育、职后培训的主要内容是以知识、能力与教学技巧为主,在学生专业伦理行为方面没有特别要求和细致的规定,导致学生不太明确什么是可以做、什么是不可以做的事,常常在幼儿园出现不符合幼儿教师专业伦理规范的行为。不过,我国经过了很长时间的发展,幼儿教师在国家政府和各界社会机构的努力下,社会地位、经济收入、受尊重程度等方面已经得到了长足发展。所以,我们更需要珍惜这得来不易的发展机遇,党和人民给我们的信任是坚实的后盾,我们努力做好学前教育,尽最大能力投身到学前教育事业当中去,为学前教育质量的提升尽一份心、尽一份力。

2. 教师职业道德规范中没有从本质上考虑幼儿教师的专业性

幼儿教师专业伦理与一般的职业道德应该是不同的,有其专业性特征。我国的《高等学校教师职业道德规范》中包括"爱国守法""敬业爱生""教书育人""严谨治学""服务社会""为人师表"六块内容,这是幼儿教师从业的必要条件,但也与其他行业的行为准则相似,没有突出幼儿教师的专业性特征,没有从本质上考虑教师的专业特殊性。不适合的专业伦理要求对幼儿教师专业伦理发展并没有针对性。所以,为了促进我国幼儿教师专业伦理建设的高速、高质量发展,按照幼儿教师的专业属性和要求,建立相应的具有专业特征的幼儿教师专业伦理规范是必须的。

3. 幼儿教师个体专业伦理问题的影响因素

(1)幼儿教师认知水平不高

① 对幼儿教师专业伦理内涵的认知模糊或错误

幼儿教师缺乏对专业伦理的认知,对专业伦理内涵与特点的认知模糊或有错误,更不知道幼儿教师专业伦理的发展阶段和自我发展策略等。在谈及师幼伦理关系时,一般仅仅谈及对幼儿要"三心五勤"(爱心、耐心、细心;嘴勤、手勤、腿勤、眼勤、脑勤),局限在幼儿园强调的幼儿教师保教态度方面,幼儿教师的专业伦理敏感性低。幼儿教师专业伦理敏感性低的主要原因可能是受幼儿教师在园生活性质的影响。[①] 受传统"师德"的影响,大多数幼儿教师认为教师专业伦理就是教师职业道德,有的甚至完全不知道什么是教师专业伦理,或理解为"师道尊严",曲解幼儿教师专业伦理内涵,在实践中更是无法落实了。

② 个体认知水平不高

幼儿园教师直接面对幼儿,不仅传授幼儿知识,还会对幼儿人格的形成产生深远的影响,因此需要幼儿教师经过系统的师范教育培养,逐步形成具有专门性、指向性、针对性和不可替代性的专业素养,达到专业化程度较高的状态。[②] 而现实中幼儿教师并不需要高深的理论知识,其他专业转行到幼儿教师队伍的情况较多,这些幼儿教师对专业的认同度低,整体专业素养低,对幼儿的理解和认同更低。职业成为只是谋生的手段,更谈不上幼儿教师专业伦理的发展了。

③ 专业伦理知识不足

前面的调查研究发现,幼儿教师专业伦理在幼儿园中没有被普遍认知,幼儿教师不理解幼儿教师专业伦理,专业伦理情感淡漠,专业伦理行为随意,更谈不上专业伦理意志的发展。

(2) 幼儿教师角色定位模糊

幼儿教师与保姆角色定位混乱的时代已经过去,又有了幼儿教师社会人与经济人的角色定位模糊、幼儿教师社会人与专业人的角色定位模糊等现象。幼儿教师是社会人、也是专业人,在现实生活中不可避免地有着多种角色,所处的关系也极其复杂多

---

① 王小溪:幼儿园教师专业伦理研究,长春:东北师范大学博士学位论文,2013:57。

② 王小溪:幼儿园教师专业伦理研究,长春:东北师范大学博士学位论文,2013:60。

变。当多种角色冲突时，幼儿教师缺乏平衡各种角色的能力，不能够做出正确的决策，幼儿教师必然陷入伦理困境。

（3）价值观念冲突

在伦理决策过程中，教师所持有和信奉的个人价值观发挥着重要作用，影响着他们的价值判断和选择。对待同一个伦理问题，不同的幼儿教师会有不同的价值取向，进而表现出不同的行为方式。价值观对行为的影响是根深蒂固的，有时甚至是超越理性的伦理思考的结果。[①] 随着《幼儿园教师专业标准（试行）》的颁布与实施，教育部要求各地、各园组织幼儿教师学习其精神，领悟其中的深刻含义。但只强调幼儿教师学习专业伦理规范，轻视幼儿教师在教育教学实践中如何践行专业伦理规范的方式，使幼儿教师专业伦理理念与专业伦理行为发生了断裂。[②] 加之个人的学识、经历、经验、心境、道德情感和个人需要各有不同，价值观念冲突更大。

总之，对于伦理问题，虽然我们着力于理智地寻找客观的解决方案，但也不可避免地会受到主观情感的影响。个人的情感是道德感知的一个重要来源，它会促使我们作出某种直觉上的伦理反应。发自内心的同情、仁慈、爱怜等道德情感，对幼儿教师的伦理决策会产生影响，有时甚至起着决定性的作用。[③] 幼儿教师专业伦理的发展是一个十分复杂的过程，涉及的个体因素也是十分复杂的，很难从一时的境况中进行判断。

[①] 周坤亮：教师专业伦理决策研究，上海：华东师范大学博士学位论文，2016：195。

[②] 张地容，杨晓萍：论幼儿园教师专业伦理的实践困境与路径选择，《中国教育学刊》，2014（5）：99—102。

[③] 周坤亮：教师专业伦理决策研究，上海：华东师范大学博士学位论文，2016：200。

二、从内因与外因角度分析幼儿教师专业伦理发展影响因素

(一) 从内因角度分析

教育政策与法规的出台,促进了幼儿教育的改革与发展,推进了幼儿教师专业化进程。而且随着新时代的到来,幼儿教师的专业知识、所应遵循的价值、准则与规范等,也需要随时代要求不断更新与改进。从宏观上看,幼儿教育的改革与发展是幼儿教师专业伦理发展的外在动力。各地方相关职能部门重视在职幼儿教师的持续学习,通过立法和政策促使承担这一职责的教育职能部门及幼儿园为幼儿教师提供多样的、灵活的专业教育和学习机会,夯实幼儿教师个人和集体的专业发展水平,并帮助幼儿教师认识、反思、分享其学习经验,促进幼儿教师专业伦理发展。从微观看,幼儿教师的专业发展需要和所处环境分别是幼儿教师专业伦理发展的内因和外因。

1. 内在因素

影响幼儿教师专业伦理发展的内在因素是指幼儿教师的个体因素,包括教师个体的身体素质、道德观念、文化素养、学习经历、专业教育能力、生活经历、人格与心理特征、生活环境等。个体因素是影响幼儿教师专业伦理发展最直接、最主要、最根本的因素。幼儿教师对于职业价值的认识和追求、理想与信念,幼儿教师自主发展的需求和动力,幼儿教师应对教育改革挑战的态度和能力,幼儿教师自身的专业结构如专业信念、专业能力、专业素养等,是从根本上影响幼儿教师专业伦理发展的关键因素。一名合格的幼儿教师,热爱幼儿、尊重幼儿、关心幼儿是最根本的专业态度与情感。幼儿教师要热爱这个专业,对专业抱有信念和追求,把专业发展与个体价值实现有机结合起来,成为自己的人生追求和人生理想,自觉发展自我专业素养,提升自我专业能力,自觉规范专业行为,践行专业发展的需求,这样才能实现专业伦理

发展。

（1）对幼儿教师职业的热爱与认同

高尔基曾说："谁不爱孩子，孩子就不爱他，只有爱孩子的人，才能教育孩子。"很多幼儿教师都是因为喜爱孩子才走上幼儿教师之路的。可在参加工作几年之后，这份喜爱和热情不断被磨去，剩下疲惫与倦怠，这也是很多幼儿教师的现实情况。只有爱上了某一行业才能在这个行业发展上走得更高更远，对于幼儿教师这个职业也是一样。只有爱上幼儿教师这个职业才能在幼儿教师这个职业上面取得较高成就，越热爱对职业和专业的认同度也越高，这也是幼儿教师专业伦理发展的内在动力。关注幼儿教师自身发展，提高幼儿教师素质，是幼儿教师专业发展的要求，也是更好地为幼儿及家长服务的要求。幼儿教师职业和专业认同程度越高越能促进幼儿教师专业伦理发展。

（2）幼儿教师的专业信念

幼儿教师的教育信念是非常重要的，有信念就有动力，有动力就会有行动，有行动就有变化，有变化才能发展。幼儿教师的信念决定了幼儿教师在教学中的专业发展水平和实际的授课教学行为。对专业和教育有信念的幼儿教师才能不断钻研专业知识，提升专业能力，发展专业素养，才能不断以专业的标准要求自身的行为，才能发展专业伦理水平。因此是否拥有坚定的教育信念成为幼儿教师专业伦理发展的重要因素，而实际情况是大部分幼儿教师还是具有正确教育信念的，只是需要把这份信念内化为专业信念，才能成为促进幼儿教师专业伦理发展的内源性动力。

（3）幼儿教师专业发展的动机和态度

专业成长的主动性、成就动机、自我实现的需求是影响幼儿教师专业成长的内部因素。幼儿教师的专业发展可以分为新手教师、熟练新手教师、胜任型教师、业务精干型教师和专家型教师五个阶段。所有的幼儿教师都是从新手教师阶段开始的，一个幼儿教师能不能实现从新手型教师到专家型教师的飞跃,其根本原因就在于个人的成就动机。专家型教师是每一个幼儿教师的最高职业理想,这就是幼儿教师们献身幼儿教育事业的根本动力。刚入职的幼儿教师大多不能勇敢地面对自身的不足,在学校学习的知识和实际经验不能完全匹配时,不能很好地处理这种落差。刚入职的信心满满有可能在现实的困难面前手足无措,如果这时候克服不了困难,常常出现信心缺失。自我调节如果缺失,则会出现低水平的本职工作无法做好的现象,这样就不可能发展高水平的教育工作,而高水平的教育工作必然是与幼儿教师专业伦理紧密相关的,是建立在幼儿教师专业伦理规范要求上的。

(4)幼儿教师的专业知识与能力

实践和反思的结合能够让理论不断得到验证和完善,幼儿教师的成长也是一样的道理:幼儿教师必须不断进行实践和反思,不断加强两者的结合,多教研多研讨,与同事、领导多进行专业沟通,这样才能不断提升自我专业能力和专业素养,专业知识经验的积累和专业能力的发展也必然带来专业自信,这份自信也会促进幼儿教师专业伦理的发展,最终发展为专业信念。从研究中可以发现,专业化得到不断发展的幼儿教师都有其共性特征:

① 积极的进取心。事业发展成功与否,关键在于幼儿教师自己。尤其在经济迅速发展的新时代新时期,幼儿教师的人生观、世界观、价值观、经济观、道德观、儿童观、教育观等都受到了一定的冲击,坚守自我、不忘初心是一种难得的坚持和境界。正确看待自己工作的价值,找准自己的定位,正确面对各种困难与挫折,坚定不移地坚持做个好幼儿老师的信念,才能逐步成为德才兼备的好老师。

② 谦虚严谨的态度。一个幼儿教师无论起点怎样,要想在工作中获得进步,就要正确客观地评价自己:既要看到自己的长处,又要看到自己的不足,善于发现学习别人的长处,补己之短,以谦

虚严谨的态度,对工作中出现的不足及失误予以及时改进与弥补。反思是幼儿教师专业发展的重要基础,一个幼儿教师只有从心理因素和教育技能、教育观、儿童观等方面不断进行反思,才能促进自身专业的发展。

③ 高尚的道德素质。[1] 道德素质包括教师的儿童观、教育观、职业理想、从业态度和职业道德等。一个幼儿教师有着崇高的从业态度、高尚的职业道德和崇高的道德理想,那么一定会为了实现职业理想而不断地促进自身发展。相反如果一个幼儿教师没有职业理想,就不会有从事幼儿教育职业的幸福感和成就感,以致其不思进取、不求有功、但求无过,事不关己、高高挂起、工作敷衍了事等,更不想在专业发展上投入时间和精力。[2] 因此,一个幼儿教师的专业认知和专业素养是专业伦理发展的基础,而专业信仰是支持幼儿教师不断成长的内在动力。

(二) 从外因角度分析

1. 幼儿园管理不善,幼儿教师较少专业成长机会

案例 1：对新上岗教师的培养与管理[3]

一天,刚工作不久的小李老师神色紧张地跑进园长室："园长,小明玩骑车时摔倒了,膝盖一直在流血。"园长问："孩子呢?""我把他送到医务室去了。""走,我和你去看看。"园长边向医务室走边问："孩子怎么摔的?""他跑得慢,还非要玩骑车,我让他别骑双人车,玩其他的器械去,可我刚一离开,他就又去玩骑车,结果摔了。"说着说着,小李的眼泪已经流了下来。园长来到医务室,

---

① 杨启华：教师专业发展与教师专业道德建设——教师生涯发展阶段的视角,《中国德育》,2009(1)。

② 童瑶、刘静、张菊妹：关于大陆与香港幼儿教师专业化发展的比较,《青年文学家》,2013(1)。

③ 嘉职 11 级幼教班. 案例集 [EB/OL], https://wenku. baidu. com/view/6fe12141b94ae45c3b3567ec102de2bd9705de74. html. 2020. 04. 27。

看到大夫已经给小明进行了处理,没什么大碍,这才放下心来。

回到办公室,园长边安慰小李边帮助她分析小明摔倒的原因和小明非要玩骑车的心理。她耐心地告诉小李应该如何处理类似的事件,告诉她如何教会小明骑双人车,如何让其他的小朋友照顾个子小、跑得慢的小朋友一起玩。最后,嘱咐小李在家长来园时向家长说明情况,求得家长的谅解。这时,小李老师紧张害怕的心理缓解了,眼泪也收住了。

年轻教师因为经验少,做事很容易出现疏漏,如果与家长沟通不好,很容易发生过失或招致家长不满,年轻教师自我调节能力有限,常常会心里不安,会自责。这位园长没有责怪年轻教师,而是慢慢了解情况,舒缓年轻教师的紧张情绪,一步步引导年轻教师应采取怎样的相应措施,包容年轻教师在工作中的小过失、小疏漏,指导年轻教师做好后续工作,这是非常适合的,也能够真正帮助年轻教师得到成长和锻炼。当然,我们也要警惕这些小过失、小疏漏演变成大过失和大疏漏,这就会造成不可挽回的后果。帮助年轻教师逐步成熟,学会自我调节,学会更完善地处理事情,帮助年轻教师获得快速成长,也是幼儿园园长的重要工作责任。

案例2:知人善用——调动员工积极性的法宝①

王老师是某幼儿园小班的一位副班老师,由于性格较外向,给别的教师造成的印象就是:大大咧咧、组织纪律性差、松散,干什么都不行。久而久之,这种看法也影响到了王老师本人工作的积极性。她在平日工作中的工作热情越来越低,对教学敷衍了事,对幼儿也漫不经心,使得该班主班教师及幼儿园其他教师对此很不满,向园领导反映了情况。

园长立即找王老师谈话,但并没有给她处分,而是在日常工

---

① 知人善用——调动员工积极性的法宝[EB/OL].https://wenku.baidu.com/view/1c2377fcf8c75fbfc77db254.html.2020.04.27。

作中加强了与她的接触。经过一段时间的观察,园长发现王老师本人有一个很大的优点:爱学习。凡幼儿园有外出学习的机会,不论机会大小、是否由园里安排学习名额,她都积极要求参加。而且,别的派出学习的老师都会去找园长讲条件:如怎样补回学习所占用的假日;因学习而带来的加班费等问题。但王老师从来不为此提出任何要求,每一次仍积极要求参加学习。接触过程中,园长还发现王老师每次都能将她学到的东西与园长讨论一番,并有自己的认识、见解。园长觉得王老师并非像她表面表现出来的那样大大咧咧、随随便便,在一些教育问题上,她还是很细致认真的。园长经过一番思考后,认为她外向的性格在一定程度上能给幼儿一个较为宽松的环境,又鉴于她对理论知识的学习热情,就决定让王老师负责幼儿园里角色游戏的开展工作。在与王老师商量后,王老师愉快地接受了这一任务。以后的事实证明,园长的决定是正确的。王老师的角色游戏工作开展得有声有色,成为园内外观摩活动中必不可少的一部分。通常大家认为无法在小班开展角色游戏,可是王老师带过的小班角色游戏开展得也很好。王老师自此保持着一种很好的精神面貌和很高的工作积极性,她的工作也得到了大家的一致好评。

这一案例说明幼儿园是幼儿教师进行教育教学工作和生活的主要场所,更是幼儿教师专业成长的主要试炼场。幼儿园的管理者是整个幼儿园的灵魂所在,对于整个幼儿园的工作氛围、管理机制、制度建设、任务分配、福利待遇、发展机会等,管理者都是占主导地位。管理者能否营造积极进取、宽松有爱、敬业乐业的环境;能否稳步提升幼儿园教育质量;能否制定和明确幼儿教师的培养目标和要求;能否使幼儿教师明确自己的基本职责和发展方向;能否为幼儿教师专业成长搭建舞台;能否因材施教地引领幼儿教师专业成长;能否科学规划幼儿园的发展等,这些将直接影响幼儿教师的专业成长和发展水平的提升,并进而影响幼儿园教育质量的提升。如果幼儿园管理者目光短浅,只关注眼前利益,很容易造成发展后劲不足,幼儿教育松散没有发展目标,幼儿教师质量下滑、幼儿园办园质量不高等现象,这对幼儿教师专业伦理的发展也是十分不利的。

2. 家长不支持不配合,家园不能实现共育

案例3:家长与幼儿园配合得越好,教育越会成功①

一篇外国短文,说是在一次儿童网球课后,老师不慎丢了一个小孩。等找到孩子后,孩子由于受到惊吓,哭得十分伤心。孩子的妈妈看到这情景,蹲下来安慰自己4岁的小孩,并且说:"已经没事了,那个姐姐因为找不到你而非常紧张,并且十分难过,也不是故意的,现在你必须亲亲那个姐姐,安慰她一下。"4岁的小孩踮起脚尖,亲了亲蹲在他身旁的工作人员的脸颊,并且轻轻地告诉她:"不要害怕,已经没事了。"我想,一个善良、宽容、善解人意的孩子就是这样教育出来的。

从案例中可以看出:在孩子面前,家长要极力维护幼儿园和幼儿教师,不是假惺惺地做戏(因为孩子很敏感,都能察觉出来),而是要真心实意地用换位思考的方式做好孩子的思想工作,运用宽容的方式帮助孩子去体谅幼儿教师。《幼儿园教育指导纲要(试行)》中指出:"家庭是幼儿园重要的合作伙伴。应本着尊重、平等、合作的原则。争取家长的理解、支持和主动参与,并积极支持、帮助家长提高教育能力。"所以,只有真正做到家园共育,才能使幼儿教师与家长的教育形成合力,在教育孩子的过程中做到事半而功倍。家长与幼儿教师的互体互谅,是家园共育的坚实基础。

当然,很多时候家长和教师交往的过程中会常常出现分歧。由于双方的人生经历、经济文化背景、教育观念和教育需求的不同,双方会出现不理解、不认同的情况,这是非常正常的。双方有

① 程凤春:《幼儿园管理的50个典型案例》,上海:华东师范大学出版社,2011。

分歧就会发生矛盾,重要的是怎么去处理好这些矛盾,是和平共处、包容不同;还是针锋相对、相互戒备。不同的处理观念和做法会带来相反的结果。相信我们的家长和幼儿教师都希望选择前者,能够相互理解、相互体谅、相互支持、相互成长,信任和支持能给予幼儿教师更大的发挥空间,使得幼儿教师不会忧虑这样的教学方法,也更有利于幼儿教师专业能力的发展,幼儿教师的工作顺利了,工作安心了,工作快乐了,才能变职业为事业,自觉发展专业伦理水平,这样受益的不仅仅是幼儿教师自己,还有幼儿和幼儿园。所以说,幼儿教师的专业伦理发展离不开孩子家长的配合、肯定和支持。

三、从积极与消极角度分析幼儿教师专业伦理发展影响因素

为了将促进和提高幼儿教师专业伦理发展措施落地,真正促进幼儿教师专业伦理水平的提升,必须分析幼儿教师专业伦理发展的积极影响因素,积极寻找切入口,循序渐进、脚踏实地、持之以恒,不断强化内源性发展动力,才能达到目的。

(一) 从积极角度分析

1. 国家和地方给予政策保障,提高地位和待遇

(1) 严格按配备标准,补足配齐教职工数量

近年来,国家和地方政府加大了对幼儿教育的发展力度。《中共中央国务院关于学前教育深化改革规范发展的若干意见》中强调这个问题时要求:及时补充公办园教职工,严禁"有编不补",民办园也要按照配备标准配足配齐教职工。一支数量充分的教职工队伍是办好一个幼儿园必不可少的条件,这是保障幼儿园保教工作正常开展的前提条件。

(2) 幼儿教师待遇有保障

《中共中央国务院关于学前教育深化改革规范发展的若干意

见》(以下简称《意见》)明确要求公办幼儿园教师的工资要足额发放,同工同酬。实际上,公办园教师有编制内、编制外两种待遇的情况,编制内的幼儿教师待遇基本上有保障,编外幼儿教师待遇没有保障、没有做到同工同酬,这是整个幼儿教师队伍存在的共性问题。《意见》中"统筹公办园教职工工资收入分配政策"其中一方面的含义就是同样职称的幼儿教师、同样层次的幼儿教师的收入待遇、基本政策应该是一样的。随着我国经济的飞速发展,对幼儿教育的投入不断加大,相信不久的将来,同工同酬一定能够实现。还需要完善幼儿教师的社会保险政策,足额、足项缴纳社会保险和住房公积金等福利待遇,这些政策能基本解决幼儿教师收入待遇的政策保障问题。目前政策上已经明确了,下一步关键是落实。所以要把这些问题解决好,虽然可能会花费很长时间,但只要全民一心,实现也是指日可待的。

(3)提高幼儿教师素质

幼儿教师质量是幼儿园教育质量真正提升的关键,国家和各地政府要严把幼儿教师资格证考试关,严格保证必须是合格的准教师才能获得幼儿教师资格证书。然后是幼儿园要严把幼儿园教师入口关,全面落实持证上岗制度,在幼儿园上岗前,园本培训必须落实到位,只有培训合格方可进入教室进行观摩学习,观摩学习期满合格方可带班,正式上岗,只有这样才能稳步提升幼儿教师质量。

可见,国家对教育发展起着基础性的作用,学前教育及其幼儿教师专业伦理的发展更离不开国家和地方给予政策的支持、引导和帮助。

2. 大力发展学前教育专业,保障幼儿师资专业化

2018年11月28日,教育部在山东举行新闻发布会,解读《意见》。教育部基础教育司司长吕玉刚表示,要提高幼儿教师的素质,要严把幼儿教师的入口关,全面落实持证上岗制度。健全幼

儿教师培养体系,办好幼儿师范教育,扩大有质量的幼儿教师供给。制定幼儿教师培训课程指导标准,实行幼儿园园长、幼儿教师定期培训和全员轮训制度。我们有一个专项的规划,来全面加强幼儿教师的培训,进一步提高幼儿教师的科学保教的素质和能力。[①] 对于政府相关部门根据国家大的方针政策对两种形式的学前教育进行监督管理,加大教育部门的财政支出为公办学前教育机构提供一个良好的物质基础条件。对于聘用的幼儿教师一定要严格考核幼儿教师的专业水平和综合素质,实行幼儿教师持证上岗制度等。这些措施对于学前教育有着长远的发展意义,建立正规的体制并将体制落实到位,在发展公办学前教育的同时还要结合实际情况,相应地发展民办学前教育,将两者有机结合,充分发挥两种办学形式中的优越性是利国利民的大事。

3. 大力推进幼儿教师教育的改革和发展

(1) 加大对幼儿教师教育的投入

教育部基础教育二司司长郑富芝接受中国政府网专访,就"采取切实措施　大力发展学前教育"进行现场解读:提高幼儿教师的待遇,把收费降下来,关键是要加大政府的投入。其中,一个很重要的规定就是国家要制定公办幼儿园生均公用经费标准和生均财政拨款标准。只有通过制定这个标准、落实这个标准,幼儿园才能保持正常运转,换句话说,政府把大部分成本给分担起来了,它向家长收的费用就会降下来。郑富芝表示,关于幼儿教师的待遇问题,一是要加大投入,二是要核定公办幼儿教师的编制,保障他们的工资和社会保障等待遇。郑富芝说,发展学前教育,一定要千方百计提高幼儿教师的社会地位,解决工资待遇等一系列问题,解决幼儿教师的身份问题,幼儿教师进编了,工资待

---

① 教育部:严把幼儿园教师入口关,全面落实持证上岗制度[EB/OL].http://wap.stcn.com/article/461453.2019.02.06.(来源:证券时报网)

遇就有了制度性的保障。① 2019 年全国两会,学前教育持续引发会内会外热议。幼教人普遍关注的编制、待遇、民办园发展等问题,在这次两会期间,一一得到了相关回应。朱永新认为,在现有的框架内解决幼儿教师的编制问题难度非常之大,特别是幼儿教师,缺编非常严重。因此,他认为一定要跳出编制思考幼儿教师队伍建设问题。为此,他提出两条解决思路:第一是用同工同酬的办法解决幼儿教师编制问题。如果能使非在编幼儿教师与在编幼儿教师的待遇没有任何差别,这时编制问题就不是很突出了。钱的问题比编制的问题更关键。第二是突破编制,用创新的思维去破解问题。现在已经到了一个购买公共服务的时代。也就是说,未来的幼儿教师一部分是有编制的,一部分完全通过政府采购方式解决编制问题。朱永新认为,教育部门还要为幼儿教师定编提供更宽松合理的措施,构建有利于幼儿教师队伍成长的编制体系。②

从以上可以看出:国家在政治、经济、激励机制上对幼儿教师的专业化发展、社会待遇、社会地位、政策支持、经费支持等方面在积极地提供相应保障。

(2) 深化幼儿教师教育培养模式改革

《中共中央、国务院关于全面深化新时代教师队伍建设改革的意见》正式发布,这是中华人民共和国成立以来党中央出台的第一个专门面向教师队伍建设的里程碑式政策文件。百年大计,教育为本;教育大计,教师为本。《全面深化新时代教师队伍建设

---

① 教育部:提高幼儿教师待遇要加大投入与核定编制[EB/OL],http://www. chinanews. com/edu/2010/12-10/2714996. shtml. 2019. 12. 10。(来源:中国新闻网)

② 幼儿教师编制、民办园发展,你关心的学前教育问题这次两会一一给了回应[EB/OL],https://www. sohu. com/a/300442228_237901. 2020. 03. 12。(来源:园长传媒)

改革的意见》提出,到 2035 年,教师综合素质、专业化水平和创新能力大幅提升,培养造就数以百万计的骨干教师、数以十万计的卓越教师、数以万计的教育家型教师。这些未来的优秀教师从哪里来? 教育部教师工作司司长王定华介绍,鼓励各地结合实际,适时提高师范专业生均拨款标准,提升师范教育保障水平,切实提高生源质量。对于符合政策规定的,也可采取到岗退费或公费培养。教育部直属师范大学,原来"免费师范生"现在改名为"公费师范生",履约服务年限原来是 10 年,现在缩短为 6 年。关于这个变化,王定华说:"不是说 6 年之后大家都走了,而是不要求你 10 年了。我们相信,6 年之后绝大部分还会留在教师的岗位上。"《意见》准确把握了当前社会热点和民众关切,对受到广泛关注的幼儿园师资问题进行了切实回应。王定华介绍,在教师培养模式的创新中,幼儿教师这一群体不可或缺。创新幼儿教师培养模式,前移培养起点,大力培养初中毕业起点的五年制专科层次幼儿教师。因为初中毕业起点,这时候选拔一些未来的幼儿教师,可能学苗更好,到了高中毕业之后有一部分就被分流走了。《意见》同时要求,根据教育行业特点,分区域规划,分类别指导,结合实际,逐步将幼儿教师学历提升至专科,小学教师学历提升至师范专业专科和非师范专业本科,初中教师学历提升至本科,有条件的地方将普通高中教师学历提升至研究生。[1]

从国家层面上来看,我国建立了指向性的幼儿教师教育标准,从政策上保证幼儿教师队伍的优质资源。从院校层面上看,学前师范院校可以通过明确培养目标、创新教学模式、增强通识教育和实践训练、促进教育理论和教育实践相结合等多种途径去培养学前教育人才,提高学前教育专业的培养质量。

---

[1] 教育部谈教师队伍建设改革:创新幼教培养模式[EB/OL]. http://edu. sina. com. cn/l/2018-02-02/doc-ifyrcsrw6323115. shtml. 2019. 02. 02。(来源:央广网)

4. 转变观念，引导自主发展

终身学习的理念必须深入幼儿教师。在当下快速发展的信息时代，终身学习理念更是幼儿教师保持专业伦理发展的必要条件。只有终身学习，才能不断更新幼儿教师观念，跟上时代的进步，在我国学前教育发展的巨大变革中不落伍、不掉队。所以，幼儿教师要做自己专业的主人、学习的主人，才能不断提升专业能力，提升幼儿教师专业伦理水平，成为符合党和人民迫切要求的高素质幼儿教师，真正为国家幼儿教师事业做贡献。

5. 完善的幼儿教师队伍建设政策

《意见》的发布，是党中央、国务院对党的十九大做出的"办好学前教育"、实现"幼有所育"这一重大战略部署的贯彻落实，也是对中国特色社会主义进入新时代后我国学前教育事业改革发展的顶层设计。其中，《意见》对"大力加强幼儿园教师队伍建设"高度重视，强调了合格稳定的幼儿教师队伍对于实现普惠优质的学前教育的重要战略意义。《意见》完善了我国幼儿教师队伍建设政策：

（1）依标依法建设队伍的理念

首先，各级政府和举办者要对照标准配备幼儿园师资；其次，各级政府和举办者要按照政策保障幼儿教师福利待遇。公办园非在编幼儿教师的"同工同酬"待遇保障、民办园幼儿教师的基本权益和合理收入保障等都要依据相关政策严格执行，同时也鼓励各地区探索和灵活运用幼儿教师特岗计划、公费师范生计划、银龄讲学计划等政策的有效实施方式。

（2）不断加大用于师资建设的财政性投入

学前教育的发展是国家发展的重要领域，对国家后续发展起着非常重要的作用。且从国际经验来看，建设高素质专业化教师队伍是很多国家财政性教育经费投入的重点领域，优先谋划、优先保障、优先满足。可以说过去几十年来对师资建设投入不足是导致现阶段我国幼儿师资数量不足、质量不高的主要原因。《意见》从优化经费投入结构的高度提出了进一步加大投入的力度，主要用于补充配备教师、提高教师待遇等方面，并且通过设立中央专项彩票公益金、鼓励各地设立乡村教师补助基金等方式，补充和完善长效性的师资队伍建设投入机制。2017 年，全国学前教育经费达到了 2802 亿元，同比 2016 年增长了 16.17%。[①]

2011年—2017年我国学前教育经费投入概况

图 3-2　2011 年—2017 年我国幼儿教育经费投入概况图

（资料来源：教育部）

国家重视学前教育事业发展，投入经费不断显著增加。自2010 年起，国家颁布实施了《国家中长期教育改革和发展规划纲要(2010—2020 年)》，并出台了加速发展学前教育的文件，如《关于当前发展学前教育的若干意见》提出了财政投入要求；根据各地的学前教育情况，以县为单位实施了"学前三年行动计划"；设

---

① 华经情报网：2018 年中国在园幼儿人数及师资配置情况分析[EB/OL]，https://www.sohu.com/a/322117984_120113054.2019-06-21。

立了中央专项资金,以中西部农村地区为重点,引导各地加大投入。经费的投入,大大地保障了学前教育的发展,对学前教育质量的提升和幼儿教师质量的提升起了根本性作用。

（3）建设高素质、善保教的幼儿教师队伍

幼儿园师资队伍建设的最终目标是造就一支师德高尚、热爱儿童、业务精湛、保教融合的专业化幼儿教师团队,深化幼儿教师管理体制改革、实现幼儿教师队伍治理体系现代化是实现这一目标的关键。首先,《意见》从幼儿园师资的培养入手,对培养规模、培养层次、培养模式和培养质量都提出了具体策略。其次,《意见》对幼儿园师资的培训也做出了具体安排。最后,《意见》指出实施严格规范的管理是幼儿园师资队伍可持续发展的关键,重点是落实幼儿教师资格准入与定期注册制度,全面实行持证上岗把好入口关,加强师德师风建设,加大考评监督力度,让幼儿教师明理至善。从宏观角度出发,健全相关的政策法规,从行政层面上直接肯定幼儿教师的职业地位、待遇等问题,保障与支持幼儿教师的基本权益,提高对幼儿教师职业发展的重视。通过健全的规范制度加强对各种办园力量的管理和约束,明确幼儿园以促进幼儿健康成长为目标的办学宗旨,明确幼儿教师准入标准,严格幼儿教师在职培训监督,提高幼儿教师准入门槛,保障高素质幼儿教师队伍的稳定性。

6. 完善的幼儿教师任职资格制度

完善的幼儿教师任职资格制度,可以确认幼儿教师的专业性,尊重幼儿教师的专业性,客观、公正地评定幼儿教师的专业性,为幼儿教师专业发展提供帮助、指导,同时也做到"优胜劣汰",剔除掉那些不具有从业资格的滥竽充数的在职幼儿教师。最为重要的是设置幼儿教师长期、系统的考核评价方式和监督方式,充分发挥导向与激励作用,建立激励机制,使幼儿教师专业发展更具持续性,利于促使幼儿教师专业伦理发展内在动力的产生。

7. 畅通幼儿教师专业伦理发展渠道

首先,各教育机构应当树立正确的学前教育专业教学目标,注重对学前教育专业学生专业知识、专业技能、专业伦理的培养。其次,改革学前教育专业课程体系,坚持理论联系实际,设置必修课、选修课、拓展课、实践课和社会活动几大教学板块,强调对专业能力的培养,再次,持续深化幼儿教师专业发展体系,组织教研活动,设立有效的培训渠道,如组建骨干幼儿教师培训结构,"以老带新"地对入职幼儿教师进行培训。

8. 高度重视幼儿教师专业伦理发展,激活幼儿教师专业成长潜力

党的十九大明确提出"幼有所育","努力让每个孩子都能享有公平而有质量的教育",要求在增加学前教育机会的同时,追求有质量的学前教育。有质量的教育机会意味着,幼儿在合格幼儿教师的引导下学习,降低不合格幼儿教师的比例或杜绝不合格幼儿教师,不断提升学前教育的专业性,不断优化幼儿教师的教育行为。提升幼儿教师专业伦理发展是追求有质量的学前教育的重要途径。

在幼儿教育改革与创新的当下,幼儿教师专业性建设是一项长期而艰巨的任务,教育部门给予了这项工作高度重视。因此,各地教育部门建立幼儿教师专业发展监督站,制定严格的职业认证和考核体系,规范幼儿教师队伍上岗情况。在具体工作中,监督各幼儿教师职称评定、在职培训工作,督促幼儿园注重幼儿教师专业培训,以保证幼儿教师队伍的专业水平。只有将幼儿教师的自我专业发展意识、幼儿教师职业价值认同、成就动机、自我效能感等积极的因素充分引导和挖掘出来,才能促使其加快幼儿教师专业伦理发展的步伐。

总之,幼儿教师的专业成长是一个复杂的系统工程。只要我

们正确认识这些因素,积极实践探究促进幼儿教师专业伦理发展的基本策略,循序渐进,常抓不懈,就一定能加快幼儿教师的专业成长步伐,全面提高幼儿教师队伍的整体素质。

（二）从消极角度分析

随着社会对幼儿园的关注度越来越高,国家机构、各大媒体也开始聚焦幼教行业,幼儿园的种种难处也浮出水面。2018 年 1 月 8 日,中央电视台新闻频道的记者在南京一家普惠园对幼儿教师进行了内部采访和调查工作——《聚焦学前教育,记者调查:幼儿教师为何留不住?》——央视记者对幼儿教师工资、日常消费、离职率等问题进行了采访及调查。[①] 幼儿教师表示每月扣除需缴纳的保险费用后,工资仅为三千多元;每月的三千多工资,刚够自身的基本生活开支;曾经一起工作的伙伴,很多已经离开了这个行业;自己是否还能坚持下去? 幼儿教师表示"有点难"。调查中发现,幼儿教师数量短缺,与待遇无法保证、上升空间有限等这些与幼儿教师行业的现状密切相关。幼儿教师的工资有多扎心呢? 近日,智联招聘公布了 2017 年全国 37 个主要城市的招聘薪酬,平均工资为 7789 元,而我们查询近一年的全国幼儿教师平均薪酬,仅为 3850 元。同一个城市中,幼儿教师平均工资与城市整体平均工资的对比更为扎心。下图为各个城市幼儿教师的平均工资。

通过对比我们发现,在幼儿教师平均工资最高的 10 个城市中,深圳以 5030 元排名首位,仅为深圳整体平均工资 9030 元的55%;首都北京,幼儿教师平均工资 4950 元,仅为当地整体平均工资 10310 元的 48%……如此扎心的数据,告诉我们一个残酷的现状,同时,也解释了为什么幼儿园行业人才留不住——坚持留

---

① 央视新闻:为幼儿教师发声,解决幼儿教师工资问题真正提上日程[EB/OL],https://www.sohu.com/a/217656188_671589.2019.08.09。（来源:聪慧幼教）

地区竞争力分析

- ❶ 深圳 (212份样本) ——————— ￥5030
- ❷ 北京 (507) ——————————— ￥4950
- ❸ 东莞 (137) ——————————— ￥4410
- ❹ 广州 (440) ——————————— ￥4270
- ❺ 苏州 (122) ——————————— ￥4110
- ❻ 青岛 (133) ——————————— ￥4080
- ❼ 南京 (164) ——————————— ￥4050
- ❽ 厦门 (94) ———————————— ￥3950
- ❾ 成都 (142) ——————————— ￥3630
- ❿ 重庆 (209) ——————————— ￥3630

图 3－3　部分地区幼儿教师工资情况图

（图片来源：职友集）

在幼儿园工作的老师,工资仅为城市整体水平的一半。

幼儿教师是教师队伍中的一个特殊群体,他们不需要向孩子传授高深的知识,幼儿园的孩子没有应试升学任务,这就造成了家长乃至教育界的部分人士对幼儿教师产生轻视,社会对幼儿教师的定位也存在一定的问题,一直以来,人们无意中把幼儿教师排斥在教师队伍之外,待遇和地位给幼儿教师带来很大的压力。

（1）家长期待与幼儿教师社会地位不匹配

全国妇联与教育部联合开展的"学前儿童入园现状调研"显示,家长们对幼儿园最关切的问题分别是：

① 教师对幼儿有爱心和责任心（61.4％）

② 能给幼儿提供系统、规范的教育（43.6％）

③ 伙食上注意营养、卫生,花色丰富（34.9％）

④ 保证幼儿身体健康（25.7％）

⑤ 能与家长定期沟通（25.2％）

⑥ 有优秀的专业教师（22.4％）

在家长最关切的 6 个问题里,有 4 个与幼儿教师密切相关,随着家长们对于良好的学前教育的需求不断提升，家长对幼儿教师的要求和期待也在不断提升。而据多项调查研究表明：目前我国幼儿教师的社会地位还处于较低的水平，在政治、专业性、学术性上的权利也很有限，得不到有效保障，职业声望不高。而幼儿教师的心态和情绪的好坏会直接影响教育的质量和效果。幼儿教师社会地位偏低的事实已经对幼儿教师专业化的发展产生了巨大的负面的影响，主要表现在：造成幼儿教师经济保障不足、教育观念落后、职业倦怠严重、幼儿教师流动性大、专业发展滞后等几个方面。[①]

（2）幼儿教师繁重劳动付出与较低经济回报不匹配

我们在网上也可以搜索到其他幼儿教师所晒出的工资单。每个月两三千的月收入，绝不仅仅是个例！如有幼儿教师在网上晒出的工资单，实发 2725.5 元。95 后幼儿教师在网上晒出的工资单，实发 1388 元。而与之对应的幼儿教师工作压力，却与收入极不匹配。常有幼儿教师自我调侃"操着卖白粉的心，挣着卖白菜的钱"。调查显示，只有不足 10% 的幼儿教师日平均工作时间为 8 小时，其他超过 90% 的园所平均工作时间为 9 小时以上。[②] 幼儿园孩子的年龄在 2～6 岁，孩子们缺乏完善的自理、自律和自我保护能力，幼儿教师担负着教育和保育的双重任务，幼儿教师应当像保姆一样，每天跟班带班寸步不能离。这样高强度的工作让很多幼儿教师身体状况不良，声带小结、听力障碍、神经衰弱、腰椎不好等病症腐蚀着身体的健康。

与此同时，很多幼儿教师不得不牺牲休息时间，加班加点制定教育计划和撰写教案、教育笔记、教学心得、幼儿观察记录、幼

儿成长档案、听课笔记、活动分析、家园联系册、环境创设等案头工作,还要随时随地接听家长电话、保持联络。过重的工作和精神双重压力造成幼儿教师很重的身心负担。在幼儿教育工作中,绝大部分幼儿教师默默奉献,用爱心浇灌,把自己最美好的青春都奉献给了幼教事业!甚至有幼儿教师付出了生命,比如:"四川汶川地震:幼儿园老师舍身挡水泥板　孩子获救老师牺牲"的新闻相信大家都有所耳闻吧。据该幼儿园园长回忆,"当时瞿老师扑在地上,用后背牢牢地挡住了垮塌的水泥板,怀里还紧紧抱着一名小孩。小孩获救了,但瞿老师永远离开了我们。"在生死关头,除了父母,也许只有幼儿教师愿意用生命来守护孩子们了。家长期待高,社会地位低;工作压力大,工资待遇低。这严重的不对等、不匹配就是幼儿教师群体严峻的生存现实,压得幼儿教师抬不起头来,幼儿教师纵使有一颗爱孩子的心,也无法经受现实所带来的压力,被磨得消失殆尽了。所以,可以看出要实现幼儿教师专业内涵发展,必须依赖国家的引导和政策的支持,依赖幼儿教师队伍专业的发展壮大。然而由于目前幼儿教师队伍存在专业素养、综合素质偏低,教研能力欠缺,职业倦怠现象突出,敬业、奉献精神有待加强等诸多问题,极大影响了幼儿教师的专业发展,制约了幼儿教育质量和水平的提高。

1. 专业素养偏低,综合素质不高

由于受经济基础、社会环境、人文环境等方面因素的影响,幼儿教师专业素质发展不平衡。一些偏远地区、农村地区幼儿园新任教师增多;这些幼儿教师学历层次较低,专业水平有限;特别是新任教师没有教学经验,对于幼儿教育工作了解不深入、不具体,更没有进行系统的、专业的岗前培训;对幼儿的身心特点不了解,对幼儿教师工作不了解,认为只是看好孩子就行,教学数字、认拼音就行。所以农村幼儿教师的专业能力水平低,自我能效感不强,加上幼儿园女性教师多,生活中的压力也很大,更没有时间和精力进行学习和提升。

2. 教育理论素养和职业道德方面存在不足①

在一次晨间接待时，老师们都在门口迎接孩子。我观察了不同的班级，大部分都是爷爷、奶奶送孩子上幼儿园；爸爸妈妈送的少之又少；还有的是大班哥哥顺便带着自己的弟弟妹妹来上幼儿园的。看到这个情境，心里很后怕，这样做安全性太低了。其中，有一位老人把孩子送到幼儿园，孩子走路很吃力。幼儿教师问也没问，直接把孩子接过来。笔者不由自主地在想：幼儿教师晨间接待应该怎么做，她不清楚吗？与幼儿教师交流后了解到：在农村幼儿园，孩子父母有的出去打工，有的忙于农活，把孩子交给老人管理。今天那位走路很吃力的孩子是因为穿的衣服太厚了，行动不方便。幼儿教师给孩子奶奶说了好几次，奶奶说："怕孩子感冒了，不能穿少了，爸爸妈妈不在身边，感冒了很麻烦。"幼儿教师怕惹上麻烦也不想多说什么，时间长了慢慢变成了多一事不如少一事的想法。

这个案例可以看出：农村幼儿教师没有一定的教育理论素养，不知道应该从哪个角度解决实际问题；同时也违背了幼儿教育的职业道德。《2004：中国教育发展报告——变革中的教师与教师教育》提到，教师职业道德方面存在的最大问题是事业心低、进取意识薄弱，缺乏为教育事业献身的精神；行为上看书学习兴趣低、低头看手机现象严重，导致幼儿教师往往工作不认真，没有事业心和敬业精神，幼儿教师专业伦理缺失。

3. 奉献精神缺失

由于经济社会对效益的追求没有止境，一些不良思想和作风不断腐蚀着幼儿教师，过多地把对物质的欲望看成是工作的动力，把教学工作仅仅看作是谋生的手段，斤斤计较于付出与报酬

---

① 韩淑萍：我国教师专业发展影响因素研究述评，《现代教育科学》，2009(9)。

间是否平衡,工作起来没有动力;加之工作压力大,待遇和地位不高等一系列问题,造成幼儿教师缺乏奉献精神。幼儿教师的专业成长离不开良好的职业道德和敬业精神,然而在市场经济和社会转型时期的一些负面因素的影响下,部分教师出现了拜金主义和享乐主义思想,安于现状、不思进取。正是基于这种思想,她们的敬业奉献精神就出现了缺失。

4. 职业倦怠现象突出,缺乏职业幸福感

幼儿教师职业倦怠是非常普遍的事。北京师范大学学前教育系冯晓霞教授和梁慧娟博士曾通过问卷调查和访谈,对北京市50所不同体制幼儿园的447名教师进行了调查:北京市有明显职业倦怠倾向的幼儿教师占全部幼儿教师的59.5%。职业倦怠必然会影响到幼儿教师的工作积极性,使其在工作中产生焦虑,影响幼儿教师的工作质量。

相关研究也表明,职业倦怠最容易发生在助人行业的从业者身上。幼儿教师职业作为一种典型的助人行业,职业倦怠现象尤其严重。幼儿教师每天的工作非常繁重,要负责所带班级幼儿的学习、生活、游戏等一日活动,还要照顾幼儿的吃、喝、拉、撒、睡、玩等各种琐碎的事情,任务全面细致而繁琐。一些幼儿园班级幼儿数量多,安全工作时刻不能懈怠,幼儿园对幼儿教师的管理很细、要求也很多,还要应对家长的各种要求。这些都容易给幼儿教师带来工作压力和心理压力,使她们没有职业安全感和成功感,大部分幼儿教师出现了职业倦怠,这已经严重影响到她们的工作、生活和身心健康、阻碍了她们的发展。幼教专家凯茨指出:幼儿教师的专业成长一般要经过四个基本阶段。一是为本专业生涯的生存而适应的阶段;二是具备了适应专业能力的阶段;三是开始厌倦与儿童一起做同样事情的阶段;四是本专业的相对成熟阶段。这也意味着职业倦怠似乎是幼儿教师难以逾越的问题,需要引起广泛关注。

5. 教研能力欠缺，教育理念理解不到位

幼儿教师的专业成长离不开教育科学研究。而实际上幼儿教师每天陷在日常生活的繁琐中，既没有做科研的精力，也没有做科研的条件，更没有做科研的能力，日复一日的繁琐把幼儿教师弄得疲惫不堪，学术声誉和专业地位自然不可能存在。没有专业上的发展和自我实现，又会反过来影响幼儿教师教育教学的进一步提升。恶性循环下来，更是不堪负荷。

6. 师资队伍不稳定

请大家静心读读这首小诗：

一名普通幼儿园老师的心声！①

心声

是的，我只是一名普通的幼儿教师，

当身边的人一听到我的职业，都会说——

当幼儿教师好，风吹不着雨洒不着；

当幼儿教师好，整天就是陪孩子玩玩，

当幼儿教师好，不用学习没烦恼！

这，就是别人眼中的"我们"。

然而，他们不知道，

孩子对于我们来说多重要；

他们不知道，我们的责任有多大；

他们不知道，我们对知识多渴望。

嗯，这些，他们不知道。

他们不知道，别人睡觉的时候，

我们还在脑子里面过着孩子们今天的表现，

---

① 一名普通幼儿园老师的心声！［EB/OL］，https://k. sina. cn/article_6434919128_17f8d12d8001003vpz. html? from＝baby&http＝fromhttp. 2020. 04. 27。（来源：新浪网）

他们不知道，别人还在睡觉的时候，
我们已经起床准备今天的一日流程；
他们不知道，还是在别人睡觉的时候，
我们就静静地坐在那里看护着孩子们睡觉，
听着他们均匀的呼吸声，我们才安心。
倘若有一个孩子无法入睡，也是一种揪心的等待。
孩子对于我们，也一样是宝，
孩子磕磕碰碰的时候，
我们的心也会痛、也会难过。
我们的神经每天都在紧绷着，
孩子在看着我们，我们需要谨言慎行；
我们要做榜样，只要我们肯努力学习，
我们的孩子一定能飞得比别人更高。
我们是幼儿教师，我们不后悔，
我们在最美好的年龄陪伴着最童真的孩子，
我们在最纯净的时光里守护着最真实的孩子。
我们是幼儿教师，我们不后悔，
孩子是我们付出的动力、幸福的源泉。
每一个幼儿教师都有一个不能说的故事，
他们也需要更多的人去认可、去肯定。
每一个幼儿教师都有一段属于自己的经历，
他们也需要更多的人去支持、去帮助。
每一个幼儿教师都是幼教路上的一个花骨朵，
他们也需要一个成长和完善的过程。
但是，对于孩子，当面对孩子，
当出现在孩子面前的那一刻，
幼儿教师浑身上下所有的细胞都已达到最快乐的状态，
他们要给孩子最好最积极的一面。

她们深知孩子每天都在盯着自己的背影，
自己就是他们为人处世的参照，
孩子的成长容不得半点马虎。
亲爱的朋友们，
请你们看看我们幼儿教师，
看看我们对孩子是多么的专注；
看看我们对孩子是多么的呵护；
看看我们，本该奔跑的脚步，
却甘愿停留在孩子的周围，
带给他们无尽的快乐。

从这首诗中我们能够清楚地认识到，幼儿教师并不是像大家都认为的每天和孩子在一起打交道一定很开心，其实不然。幼儿教师要负责孩子的生活、学习、安全。班级孩子比较多，在幼儿园不小心磕着、碰着了等习以为常的事情发生时，我们就会开始担心，害怕被家长责备、幼儿园考评，很没有安全感。

7. 经费投入严重不足，福利待遇、工作环境较差

一些农村幼儿园、私立幼儿园，由于经费不足，幼儿园教育环境差，幼儿教师福利待遇差，造成幼儿教师流动性很大。工作的不稳定，也很难有利于幼儿教师质量的提升。

8. 培训机制不完善

随着教育结构调整，幼儿师资的培养由原来的中专层次逐渐提升为大专及以上层次。高师院校所培养的幼教师资毕业生具有理论知识比较扎实、职业意识强等特点。但是重理论学习轻专业技能的培养方式也形成了幼儿教师职前教育与幼儿园实际需要脱节的现象。专业的学前教育培训技能缺乏，培训课程内容缺乏实效性，培训重理论轻实践，培训项目内容陈旧等严重问题。

（1）脱离对象实际，缺乏针对性

现在的培训服务都是非常好的，热情地接待参训教师、细致地安排生活、分配导师、落实培训活动、毫无保留地介绍经验、赠送资料课件等。然而如一些农村幼儿教师参与培训，项目设计却不符合农村幼儿园实际，对农村幼儿教师组织教育活动并无多大帮助，培训结果是使他们"穿着旧鞋走新路"或者"刚学人家三分像，人家又有新花样，学了花样用不上"。

（2）针对性差，没有实用性

在培训模式上理论讲述、案例分析较多，到一线实际观察的少，探究性学习更少。培训教师一线优秀教师较少，理论教师较多，没有针对某一方面进行深入研究，或是实践经验非常有限，不了解不同类型幼儿教师需求的不同，授课不能有针对性，对幼儿教师专业成长帮助不大。

（3）治标不治本，缺乏效用性

一些培训教给了幼儿教师先进的理论、有效的专业技能，却忽视了从根本上转变幼儿教师的思想观念。由于教育的话语权、决策权、培训者较多地集中在城市，教育政策和主流教育话语也潜在地带有更多的"城市取向"，很多偏远地区、农村地区的实际情况被忽视，这些地区的幼儿教师为了要达到城市里的教育水平，没有针对性和实用性地盲目学习，缺乏独立地思考和开展教学工作的能力。造成培训结果无论是授之以鱼，还是授之以渔，都无济于事。

（4）培训轻育人，缺乏动力性

很多培训忽略学习的任务驱动，轻视文化育人的关键价值，致使很多学习者缺乏动力性，主观认识不到位，常以条件不足、工作繁忙等为不学习或学习敷衍了事作为借口，态度不够端正，多数人存在挂网假学、请人代学等不良学风。还有一些培训项目出现因人设课现象，使得培训目标跑了偏、走了样，国家投入的专项资金没有用到实处,没有发挥应有的价值,大量专项经费流失在计划之外。①

培训应注重实效。面对不同的参训人员,应该有针对性地设计项目,同时,在项目设置过程中,还应该调查了解参训人员的学习和发展需求,并研究与储备相应的培训资源,科学设计培训课程,内容注重针对性和实效性,这样才能真正达到培训的效果。

9. 社会关于幼儿教师的负面新闻报道多

案例4:系列负责新闻

甘肃正宁县"11·16"交通事故:交警在现场勘查。小博士幼儿园9座校车载64人,逆行后撞上重型卡车,包括司机、老师和孩子共21人死亡。表面上看,这是起偶发事件,深入观察,事故隐患早已存在。校车司机杨海军为多打几份工,经常超载、逆行、开快车,曾被扣过驾照。镇上人说,当地司机违章现象普遍,交警查车罚完钱便放行;幼儿园所有者高红霞称,让9座校车载64人,是不得已,幼儿园经费紧张,政府发放补贴少,平时也没进行安全检查。②

在上海携程亲子园一段被公开的监控视频中,该亲子园的看护人员殴打只有十几个月大的孩子、喂孩子吃芥末。不少看过视频的家长均表示这样的行为"令人发指"。

朝阳区红黄蓝新天地幼儿园教师刘某某因部分儿童不按时睡觉,遂采用缝衣针扎的方式进行"管教",喂不明白色药片……

某幼儿园因为老师帮孩子换衣服时指甲不小心碰红了孩子一点点,家长投诉要求调班。

某幼儿园因为户外活动时孩子不小心摔伤、碰伤,家长就非

---

① 由显斌:对农村幼教师资培训的研究与思考,《早期教育(教师版)》,2009(6)。
② 崔木杨:甘肃正宁校车司机超载超速成惯例[EB/OL], https://news. qq. com/a/20111121/000090_1. htm. 2020. 04. 28.(来源:新京报)

要这样那样的赔偿。给孩子开不需要开的药,做不需要做的美容,逼老师承担所有费用,还要求精神损失费。

网络上不断有关于幼儿园及幼儿教师的负面新闻,也有家长的负面新闻,行为失范成为很日常很普遍的事,社会各行各业行为失范好像是很普通的事了,人们也见得多了,对幼儿教师的负面评价也多了,一些幼儿教师经常听到这样的评价,就有了破罐子破摔的心理,反而直接影响了幼儿教师专业伦理的发展。

学前教育是启蒙性教育,是基础教育的基础,在整个教育过程中具有奠基作用。幼儿教师的专业素养是影响学前教育质量提升的关键因素。如何将这支队伍打造成一支师德高尚、业务精良、结构合理、充满活力的高素质幼儿教师队伍,使其成为幼儿教育可持续发展的优质资源,是当前人们普遍关注的问题。《国家中长期教育改革和发展规划纲要(2010—2020 年)》的颁布,推进了学前教育的普及,也壮大了幼儿教师的队伍。在《幼儿园教师专业标准(试行)》出台的背景下,幼儿教师提高其专业能力水平是时代发展的必然要求,同时也是高速发展幼儿教育的要求。幼儿教师发展走专业化的道路是大势所趋,不可逆转的。加强幼儿教师专业伦理发展是提高幼儿教育质量和推动幼儿教育事业发展的有效手段,应采取积极有效的手段促进幼儿教师专业素质和技能发展,培养优秀的专业幼儿教师,满足社会对幼儿教育发展的需要。

第四章 幼儿教师专业伦理发展行动研究

　　教育部发布的《中小学教师违反职业道德行为处理办法》(2014年1月11日)中,列举了10类教师违反职业道德的行为及其相应的处理办法,这一举措在很大程度上促进了全国人民教师对自身行为的高度关注,极大地加强了对教师的道德约束。不过,我们要清楚,禁止某些不适宜的行为只是一种底线要求,不足以全面体现人民教师职业的道德性。一个好教师不应只停留在不能做什么,而是应该要践行怎么做更好、更优秀。此外,教育部人文社会科学研究规划项目"教师的日常生活与伦理智慧养成研究",对相关教师伦理问题进行了研究。研究提出伦理为职业之基。"教书育人"是教师的天职,并倡导教师朝着"怎么做更好"的方向前进,自主履行教师的职业、专业使命。在明确"底线"要求的同时,需要呼唤"高标",回归教育的道德性目的,实现教师共同体的伦理责任。中国特色社会主义进入新时代,人们在"幼有所育、学有所教"上有了更多元、更丰富、更高质的期待和需要,对教师也提出了更高的道德和专业要求。这既是全国人民的期盼,也是国家发展的必然要求,更是教育发展的必然趋势。习近平总书记强调:"人民教师无上光荣,每个教师都要珍惜这份光荣,爱惜这份职业,严格要求自己,不断完善自己。做老师就要执着于教书育人,有热爱教育的定力、淡泊名利的坚守。"我们应该从社会进步、个人发展、民族命运的高度正视和重视新时代教师伦理的建构。①

一、幼儿园教师专业伦理发展个案调查

(一) 个案幼儿园教师调查

所调查幼儿园背景为：浙江省某乡镇公办幼儿园,幼儿园内教职工共 100 人,其中幼儿教师(包括行政人员在内)67 人。其中最小年龄为 20 周岁,最大年龄为 49 周岁。35 周岁以下青年教师占幼儿园百分之六十八,35 周岁以上前辈教师占百分之三十二。

发放教师问卷调查 67 份,回收问卷调查 67 份,有效问卷调查 65 份。从"幼儿教师版"调查问卷(见附录 5)调查的回收有效问卷分析我们发现：

1. 从调查问卷的第一个问题的收集反馈来看：百分之八十五的幼儿教师知道什么是幼儿教师专业伦理,他们认为幼儿教师专业伦理就是幼儿教师自身扎实的专业素质和幼儿教师日常道德行为规范。大部分幼儿教师对于幼儿教师专业伦理这一含义的界定更趋向于幼儿教师对待幼儿以及工作及其他的道德伦理发展。极少数的幼儿教师提到自身的专业知识也包含于幼儿教师专业伦理之中。而在这调查的百分之六十的幼儿教师中,知晓幼儿教师专业伦理的青年教师占较大比例,中年教师占较小比例。其余百分之十五的幼儿教师对于幼儿教师专业伦理这六个字呈不理解状态,极个别幼儿教师表示尚未听说"教师专业伦理"这一词。

① 如何建构教师伦理[EB/OL]. http://edu. people. com. cn/n/2014/1103/c1053-25962192. html. 2020. 01. 03。(来源：中国教育报)

从调查中看出,不管是青年教师也好,还是中年教师也罢,均对"幼儿教师专业伦理发展"这一理解尚不完整,理解具有局限性,不理解幼儿教师专业伦理实际包含四个方面:教师专业伦理认知、教师专业伦理情感、教师专业伦理行为、教师专业伦理意志。

2. 从调查问卷的第二个问题的收集反馈来看:在对当代幼儿教师专业伦理发展中持有意见的幼儿教师占百分之百,反馈意见中有希望可以提高对幼儿教师专业知识成长的发展机会,希望有更多的机会去学习实践;希望幼儿园或者其他教育行政单位可以致力提升幼儿教师道德发展,使幼儿教师自身的道德素养提升上一个新台阶;还有部分幼儿教师希望通过外出培训、园内培训或者网上培训来提高幼儿教师专业伦理发展。从问卷的整体情况来看:所有幼儿教师均希望在外部以及内部的条件下,让自己的专业学习、道德素养都有所成长与发展。

从调查中看出,所有幼儿教师都有一颗进取与热爱幼儿教育的心,对幼儿教师专业伦理呈积极学习的求知状态,都希望能通过某一媒介提升自身的专业伦理发展。

3. 从调查问卷的第三个问题的收集反馈来看:有的幼儿教师认为道德水平占幼儿教师这一职业的首要地位,他们认为一位优秀的幼儿教师,首先要看幼儿教师自身的道德水平(对幼儿教师这一职业的道德、对幼儿的道德),如果幼儿教师的道德水平不高,那么其余都是空谈。也有幼儿教师认为幼儿教师自身的专业知识在这一职业中占重要位置,成为优秀幼儿教师的前提条件必须是其自身有扎实的专业知识能力,知识能让人对事物持不一样的看法。还有个别幼儿教师提出,健康的体魄占最重要的位置(这里所谓的健康,表示身体健康、心理健康、社会关系良好),他们认为身体是教育的本钱,没有健康的体魄一切都免谈,更别说专业知识能力以及道德素养。在这项调查中认为幼儿教师道德素养占首要位置的约有百分之六十五,百分之三十二的幼儿教师认为占首位的是专业知识能力,剩余百分之三以下的幼儿教师认为健康的体魄占首当其冲的位置。

从调查中看出,幼儿教师对于不同内容所占地位如何都持有自己的看法,不能说谁对谁错,十个人就有十种不同的看法,我们尊重每一个人的看法。而从调查中我们发现幼儿教师们专业伦理情感表现求知欲强烈的状态,更多地偏向于幼儿教师专业伦理认知与专业伦理行为。

4. 从调查问卷的第四个问题的收集反馈来看:有的幼儿教师认为当代社会及幼儿家长对幼儿教师最关注的专业伦理是师德方面(所占调查比例的百分之六十),他们认为幼儿教师作为人类灵魂的工程师,不仅要教好书、育好人,各方面都要为人师表。爱岗敬业、献身幼教事业是家长对幼儿教师专业伦理发展的基本要求。也有幼儿教师认为家长注重幼儿教师的专业知识成长,他们认为,当代家长越来越重视幼儿早期教育的发展,同时也认为自己作为幼儿教师,自身专业化成长是幼儿园可持续发展的前提。幼儿教师要在与时俱进的教育环境与家长的监督下,提高自己的专业化水平,以此来得到家长的认可(所占调查比例的百分之七十)。其中百分之三十的幼儿教师认为当代家长注重的是幼儿教师道德与专业知识的双向发展。

从调查中看出,作为幼儿教师自身,我们也能抛开对自身"完美"状态的要求,切换到家长的角色来正确理性看待这一问题。收集各位幼儿教师的反馈,发现幼儿教师还是能全面地、具有大局性地考虑这一问题的发展。

5. 从调查问卷的第五个问题的收集反馈来看:专业伦理发展包括哪些方面? 在这一调查收集中我们发现:有的幼儿教师认为专业伦理发展是师德,也有幼儿教师认为是专业能力素养,还有的幼儿教师认为是热爱幼教事业的心等。从调查中看出,幼儿教师都持有自己的看法，但大多数幼儿教师对概念所涵盖内容不明确，知其一不知其二。其实关于幼儿教师专业伦理发展包含了许许多多方面：内涵非常丰富，也与教师道德（简称"道德"）、专业能力素养等密切相关。

6. 从已婚幼儿教师和家长的角度上看问题，他们认为自己作为幼儿教师，也希望与当代幼儿教师一起，提高自身专业知识能力，要有极其热爱学前教育事业的精神，养成高尚的职业道德人格，升华自己的职业道德境界。总而言之，幼儿教师专业伦理应在道德人格基础上用以下四个统一进行概括：德性与规范的统一、德性与幸福的统一、行动与行动者的统一、自律与他律的统一，并且可以得到实施，收获成效。同时，也有未婚幼儿教师填写这一内容，她们均表示，她们将与时俱进，一直学习，努力成为新时代专业伦理的"新星教师"。

从调查中看出，已婚幼儿教师看待事物的角度会比未婚幼儿教师更加全面一些，提出许多宝贵的意见；但是未婚幼儿教师也从自身角度与未来发展出发，表示将继续努力学习。

案例 1

研究背景：我们都听过这么一句古话"在家靠父母，出门靠朋友"。小周老师在幼儿园工作的第四个年头，她说她深深感觉到同事就是她的亲人、朋友、伙伴。她说她未来一生中有三分之一的时间在工作，和同事一起待的时间比父母、丈夫待的时间还要长。每个人都是初生的牛犊，而当她第一年懵懵懂懂跨入幼儿园的那一刻，也是错误百出，甚至在一段时间，情绪低落、心理焦虑等。初入幼儿园的她就像是"初生牛犊不怕虎"，有一股向前冲的干劲儿。有一次，小周老师告诉他们班孩子家长，孩子在幼儿园打人了，但却惹来了家长的不快，小周老师很是迷惑，她只是将孩子在幼儿园的表现告诉了家长，为何家长会不快？小周老师带着疑惑向园长妈妈请教。

实施策略：

园长妈妈首先安慰了小周老师，请小周老师冷静下来，不要着急。再请小周老师把当时的情况原原本本地告诉园长妈妈。当小周老师把情况一五一十地告诉园长妈妈之后，园长妈妈笑了。小周老师更是疑惑了，为何园长妈妈要笑呢？

原来，园长妈妈以为小周老师碰上了多大的难题，接着园长妈妈告诉小周老师这个问题很好解决。首先，园长妈妈告诉小周老师说：你向家长表述的这种方式属于"告状"式的谈话方法，要切忌：这种谈话方式是不行的，你这样子会让家长误认为你是不喜欢甚至是讨厌自己的孩子，从而觉得孩子在你的班里会受到不公正待遇而产生抵触情绪。小周老师受益匪浅。的确，直接式的告状不能令人接受。园长妈妈又说，我们换位思考一下，如果你是这位家长，那么你是否可以接受你孩子的老师这样说自己的孩子？听到之后是否还开心呢？的确，小周老师说自己也不会开心。

因此，小周老师也向园长妈妈请教，那么在孩子发生矛盾的时候，应该如何向家长转述孩子在园发生的事情呢？园长妈妈告诉小周老师说：和家长沟通要讲究谈话的策略性和艺术性，你和家长在交谈过程中，可以适当委婉一些，了解每一位家长的性格，尝试着向家长转述他们能在接受范围之内的事情。根据园长妈妈描述，在小周老师任教的第二年中，小周老师的处事能力大大提高，言语婉转易被接受。

案例 2

那是小周老师带小班的第一年，一次在户外玩滑滑梯的时候，小朋友都玩得很开心，突然有人大声喊道："老师，J他摔跤啦！"一双双眼睛都看着小周老师，好像在看她会怎么"处理"这件事。据园长妈妈描述：当时小周老师非常紧张地直奔过去，抱起J，检查他有没有哪里受伤了，然后马上联系安全办老师与保健医生。孩子嘴巴磕破了，等到下午孩子的伤口在小周老师的细致照料下，渐渐消肿。这时小周老师的心才放松了一下。在Ｊ受伤之后小周老师就马上打电话跟家长沟通，小周老师先是给家长解释事情原由，之后诚恳地向Ｊ妈妈道歉，由于孩子的伤势没有很严重，家长直说："没关系，没关系。"整整一个下午，小周老师和搭班老师时时刻刻对Ｊ进行观察，以确保没事。下午离园后，看到Ｊ的妈妈，小周老师又跟家长进行沟通，再次道歉。

实施效果：

在发生突发事件时，我们与家长的沟通要更加需要注意，如语气、用词等方面要字斟句酌。幼儿教师应讲究与家长交流的语言艺术。可以看出来，通过园长妈妈的帮助，小周老师在与家长沟通方面有了质的飞跃。的确，作为幼儿教师，我们应客观地向家长告知孩子在幼儿园的情况，幼儿教师应该用平和的语气、委婉的态度与家长交流。而不应该掺杂主观色彩和情绪。

最后据小周老师所说：来幼儿园四年，感受到领导的关心、同事的相互照应，感觉幼儿园就像一个大家庭。园长妈妈每天工作那么忙，都会关心我们的工作和生活。也感谢教研组的李老师和范老师，当我在教学中遇到问题，不管再忙，也会帮我解决。也感谢我的师父蔡老师，如果有事需要帮忙的话，师父会很快地帮忙解决问题的。我们同事之间就像亲姊妹一样，非常感谢同事们的照顾。我用感恩的心，希望我的同事们天天开心，万事如意！

（二）个案幼儿园家长调查

所调查家长背景为：浙江省某乡镇幼儿园的家长（其中包括部分城镇家长、外省籍家长、华侨等），家长身份包括幼儿父母、幼儿祖父母等。家长职业包括教师、医生、农民、警察、商人等。家长年龄在27周岁至67周岁之间，平均年龄在35周岁。调查人数大约是全园幼儿人数的二点五倍，总人数在1400人左右。本次调查采用不记名方式调查，填写完直接投入园内信箱。

发放家长问卷(见附录6)调查800份,回收问卷调查760份,有效问卷调查720份。从"专业伦理发展"家长版调查中分析发现:

1. 在"家长对本园幼儿教师专业伦理发展"满意度调查中发现:百分之八十三的家长对本园幼儿教师现有的专业伦理发展持满意意见,百分之十七的家长认为还可以继续加强专业伦理建设,并相信本园幼儿教师专业伦理素养会发展得越来越好。在这些家长中,事业单位工作的家长占百分之八十,其余职业家长占百分之二十的比例。从调查中说明家长对本园幼儿教师的满意度显中等状况(并未超过预估值的百分之九十),我们还将继续努力提高家长对幼儿教师的满意度。

2. 在家长对幼儿教师提高专业伦理发展调查中我们发现:超过百分之七十五的家长都为幼儿教师专业伦理发展提出了宝贵意见。意见如下:

(1)加强师德建设是一项长期的任务,必须持之以恒,常抓不懈。

(2)教育方式方法略微落伍,希望改进教学方式。

(3)提高幼儿教师自身对学前教育事业的敬业精神。

(4)加强幼儿教师自身的专业知识能力,等等。

从调查中发现,家长对幼儿教师专业伦理发展一直持关注与支持态度,希望本园幼儿教师的专业能力与幼儿教师道德可以发展得更好。

3. 从调查表中看出:有的家长认为,网络上频频发出"教师虐童"行为让他们很是忧心,尽管在网络上曝出事的地点距离我们很遥远,但还是无法完全排除幼儿教师是否仍存在对幼儿的一些"过激"行为,比如责骂、推搡等等。还有的家长认为,幼儿园是否对幼儿教师的专业能力成长呈关注状态,幼儿教师是否有外出学习培训的机会以提升自身的专业知识能力,幼儿园是否有对幼儿教师定时进行专业知识能力估测？这些都是从调查表中回馈的信息，由此可以看出，家长希望我们在幼儿教师专业知识成长与幼儿教师道德伦理方面上，在自身的学习与幼儿园的支持下可以获得发展与成长。

从调查中看出，家长时刻注意着全国幼儿教学事故的发生，关心孩子与幼儿教师之间的和谐关系，关注幼儿教师师德的发展状况。

4. 家长认可子女所在班级的幼儿教师专业伦理发展已成熟占百分之七十八，其余百分之二十二的家长认为幼儿教师专业伦理发展尚未成熟有待加强发展。但是在回馈中我们发现：有的家长关注幼儿教师的专业能力知识是否过关，自己班孩子的老师是否专业出身还是非科班专业；他们认为专业出身的幼儿教师将对孩子未来的成长、发展有着较大的影响作用；认为非科班出身的幼儿教师会对孩子的发展存在较小的影响。他们十分关注幼儿园教师是否全部为专业出身的教师，而对非科班出身的教师，幼儿园又对她们进行了如何的培养？培养后的成效如何？是否达到了幼儿教师的标准？

有的家长认为，随着国家对教育制度的不断完善与加强，幼儿教师这一神圣的岗位注入了越来越多的新鲜血液。而让这股新星力量发展起来，是否是一个难题？他们认为自己孩子的幼儿教师太过于年轻，初入岗位，无论是对待教学还是对待幼儿，是否做得到事无巨细？认为他们教育孩子的经验不足，需要历练；对于自身的角色还未得到正确转换，错误定位。但同时也有家长担心，中年教师进入教育行业多年，是否还持有一颗热爱幼儿、发展事业的心，同时中年教师与幼儿的年龄差距较大，是否可以被孩子接受。虽说中年教师经验十足，那么随着当代社会教育环境的发展，他们能否接受新知识、新理念、新技能，是否可以与时俱进、接受现代教学新模式？从调查中发现，新时代的家长对幼儿教师这一职业越来越关心与支持,对孩子今后的发展越来越负责任。以下为幼儿教师与部分家长的访谈内容。

访谈1

教师:Q爸爸您好,我想请问您对幼儿园建设有什么样的建议呢?

家长:李老师你好,现在我认为幼儿园建设还是不错的,首先政府为我们解决了民生问题(分园已开始动工)。

教师:那幼儿园内部您觉得有什么地方是需要改进的呢?

家长:幼儿园现在的外环境不错,虽然我们正处闹市区,但是对于幼儿园的人身安全我很放心,尤其是孩子在室内进行活动的时候,我很放心孩子在园的生活。

教师:感谢您的信任。那我想请问您怎么会这么放心呢? 哪方面可以让您这么相信我们呢?

家长:我觉得孩子在园安全真的离不开老师的日常教导,我们Q每次都回来告诉我说,我们今天在户外玩了什么,玩之前要注意什么? 她每一次回来都会告诉我们,我认为安全这一点,幼儿园的老师就做得非常好,安全永远是放在第一位的。

教师:是的,我们经常教育孩子要注意安全,而注意安全并不是口头上说说的。那么Q爸爸,在Q所在的班级里,钟老师是经验丰富教师,而陈老师还是新教师,你有什么好的建议对我们提出来吗?

家长:我认为钟老师和陈老师都很负责任,开玩笑地说,我今天要是说他们都很好,那就是我的不负责任,什么是很好? 哈哈哈。钟老师作为有着二十几年教龄的老师,她还是十几年如一日地教导孩子,及时吸收如今的新文化新知识,传播给孩子,而陈老师作为新教师,我认为她很负责任很有爱心,因为我不止一次看见她向钟老师请教管理班级的问题,以及向其他前辈汲取上好一节课的经验。我认为他们都很棒,而其他老师没有任教过,我也不好表示什么。但我认为,幼儿园所有老师都是很有爱心与责任心的老师。

教师:好的,Q爸爸,感谢您的反馈,我们也将愈来愈努力,为孩子美好的明天扛起一片天。

访谈 2

教师:J妈妈您好,想请您为我们幼儿园教师队伍提一些宝贵的意见?

家长:蔡老师您好,您也知道我们作为同事,互相学习是应该的,您客气了。现在请问幼儿园有多少从教三年的新教师呢?

教师:现在幼儿园三年新教师有全园教师的三分之一。

家长:那好的,请问这三年新教师是如何的一个学习过程呢?

教师:每位教师在进幼儿园后都有一名引领师父,然后会聆听师父的教学课,每月新教师还要向师父展示一节课堂课,每两个月组织新教师进行一次教学课堂评比,有经验教师指点。学期末有全园展示课。

家长:好的,蔡老师你们这里的新教师培训过程还是很详细的,我觉得这样子的新教师培养计划还是非常适合当代青年教师的。

教师:是的,J妈妈,那么能让您为我们提一些宝贵意见吗?

家长:谢谢蔡老师的信任。因为呢,我还觉得新教师在课堂教学的过程中有了学习还不够,有时候我们也需要注重教师技能方面的培养,比如说:每个月有一次绘画或者是歌唱的评比,或者说是园内对所有老师进行一次培训。局限不仅仅在于新教师,老教师以及中青年教师都需要参加。

教师:好的,感谢J妈妈您宝贵的意见,的确我们需要注重教师课堂展现能力与技能表现能力的双重培训,我们需要两手抓。感谢您的建议,我们互相学习。

访谈 3

家长:沈老师您好,我想请问现在幼儿园师资培训是如何进行的？幼儿园对教师招聘有何标准呢？

教师：YN 爸爸您好，谢谢您对我们幼儿园的关心。首先呢，幼儿园师资培训一般分为省级、市级、区级、园级。省级培训是由全省教师教育平台进行地面向全省教师的，市级的培训呢是全市的幼儿教师。而园级培训呢，首先有教师经验分享，也有外聘专家授课等等。

家长：那么现在幼儿园教师怎么招聘呢？我记得早前幼儿园教师有非对口专业教师，这样子可以教好孩子吗？

教师：是的，幼儿园先前有非对口专业的教师来任教，对于这些教师呢，我们经验丰富的教师会给予他们更多的帮助，给他们更多的专业培训。现今的幼儿园教师招聘呢，由教育局统一招聘，首先就会淘汰非对口专业人员，然后再层层选拔出优秀教师分配任教，而这些教师我们也会对其进行培训再上岗。

家长：好的，谢谢沈老师您的解答，的确，专业的教师任教是对我们孩子的负责。家长对孩子负责，老师对孩子负责。将来孩子才可以对这个社会负责。有专业的教师将能引领我们的孩子走向更广阔的天地。

教师：哈哈哈，对的，YN 爸爸您的见解非常到位。

家长：谢谢沈老师夸赞，其实这也不仅仅是我一个人的看法，想必许多家长都和我一样，因为对孩子负责所以想幼儿园更好，想幼儿园老师更专业。

教师：是的，您说得没错，感谢您的建议，我将一字不差转告我们的园长。感谢您。

(三) 个案调查总结

1. 学习专业知识提升专业能力水平

幼儿教师要进行专业伦理的良好发展，就必须具有一定专业理论素质。专业能力知识指的是要掌握一定的教育基本理论、教学法、技能课和教育科研方法。我们要用扎实的教学理论知识来武装自己,才能站得高看得远,才能逐步了解、把握幼儿教育的未来走向,与时俱进。多年从事幼儿教育工作的幼儿教师有一定的教育经验,虽然能完成教学任务,但教学水平没有大的提高,最大的问题可能是没有不断的经验提升和钻研的精神,而且,还要与时俱进,我们需要学习然后接受新时代的科学教育方式方法,才能不断发展专业能力,提升专业水平。

2. 踏实进行教育观察记录与反思提高幼儿教师专业水平

教育观察记录在提高幼儿教师专业水平中的作用非常明显。学前儿童心理学中提到过:观察是知觉的高级形式,是一种受思维影响的有目的、有计划、比较系统、持久的知觉活动。观察比一般知觉有更强的积极性和理解性,思维在其中起着重要的作用,所以,观察也叫"思维的知觉"。幼儿教师为什么要用"观察"来提高自身的专业水平? 观察既是幼儿教师应具备的重要能力,也是幼儿教师把握幼儿已有经验、了解幼儿发展状况的基本途径。幼儿教师在幼儿活动中对不同层次幼儿进行观察;学会了观察,才能对幼儿的学习和活动进行正确的解读、分析和反思进而积累经验。而对我们幼儿教师自己的反思,也有益于为我们今后教学活动的设计,在教学活动中的展开指明方向,同时也促进我们幼儿教师自身的专业成长与发展。

3. 促进幼儿教师间互动合作提高幼儿教师专业水平

学习就其本质来说是社会的、合作的。教育与教学的本质就是人与人的交往,是对话。幼儿教师之间的合作是促进幼儿教师专业成长和提升幼儿教育教学质量的重要途径。幼儿教师之间的有效合作,不仅有利于建设开放、和谐的幼儿园文化,而且可以促进幼儿教师的专业成长并提升幼儿园的教育教学质量。幼儿教师之间在知识、经验、思维方式等方面的差异性是其合作研究的前提条件。在一个幼儿教师团队中,每个成员都各有所长,也各有所短。通过幼儿教师之间的互动,可以相互启发、相互补充,形成思维碰撞,从而产生新的教学思想,形成更有效的教学策略,提高自身专业知识能力。

4. 善用科学评价提高幼儿教师专业水平

传统的幼儿园教师评价有诸多不尽如人意的地方,多是以奖惩为目的,把教学评价本身当作目的与终结,这样的评价是面向"昨天"的。而新《纲要》要求改变评价过分强调甄别与选拔的功能,发挥评价促进幼儿发展和教师不断提高、改进教育实践的功能。因此,探索一条科学评价幼儿教师发展的新思路、新方法势在必行。科学的幼儿教师评价观认为,幼儿教师是一个专门职业,每位幼儿教师都需要不断地对自己的教育教学进行反思、总结与改进,每位幼儿教师都有在教育教学的过程中不断发展的内在需求和可能性,而评价则是幼儿教师获得专业发展的重要促进力量。

5. 利用园本培训提高幼儿教师专业水平

幼儿教师专业水平的提高不是一朝一夕的事,不可能仅靠几次讲座、参加几个培训班来解决所有的问题。幼儿教师专业水平的提高从根本上讲还得靠幼儿园内部培训。园本培训的目的是在推进课程改革中提升幼儿园的整体办园水平,并为幼儿园的可持续发展提供师资的保障。在园本培训中,一定要督促幼儿教师反复、深入研学幼儿园工作规定,以专业的行为引导幼儿。

资料:某幼儿园部分工作行为管理规定

一、教学

1. 身为一名幼儿教师,要时刻担负"责任"两个字,不管是在课堂上还是课后,要时时以幼儿为中心,遵循幼儿的主体地位。坚持正面教育,不说反话,建立平等的师生关系,尊重、信任、支持幼儿。

2. 提前一周写好周计划安排表,上课要根据一周计划的内容完成,但也可以根据自己的需要做适当的调整。

3. 提前做好教育活动的各项准备工作,活动中要完成教学目标和要求,突出重点。教学活动流程要清晰,层层递进,各个环节要互相连接,不要重复迂回,尽量抓住幼儿的学习兴趣及集中幼儿的注意力。

4. 活动中有让自己疑惑的问题,可以请教同行、师父,或者查阅相关的资料,没有把握的知识尽量不要给予答复,避免误导幼儿。

5. 教师在活动中可适当地运用夸张的动作及语言,以吸引幼儿参与活动的兴趣,教育引导幼儿在活动中发挥想象力和创造力,主动与同伴交往和合作。

6. 教育幼儿要懂礼貌,让幼儿使用礼貌用语,在各类活动中提醒幼儿不要大声叫喊,培养幼儿良好的学习习惯。

7. 注意根据幼儿的年龄特点,掌握活动时间和活动量,动静结合,一天中户外活动的时间一般不少于两小时。

二、常规

★备课

按照年级组要求实施具体的备课方式,并建立个人备课库,要求有一周计划、晨间谈话内容、晨间活动内容、自己所上课的备课内容、教学补白、一周保教情况分析。

★幼儿作业本

1. 教师必须按照教学进度上课,作业根据进度要求做好,幼儿完成作业后,教师必须当场或及时批改好,注明日期,未来园的幼儿需注明"未来园",并写好日期。

2. 错误地方订正并批阅,知识点掌握较差的,教师可利用午餐后或早上孩子陆续来园的时间段进行个别辅导,但必须管理好其他幼儿的安全问题。

★幼儿成长档案

幼儿成长档案是幼儿园与家长之间的一条沟通的纽带。

1. 新学期开始,每月末发放幼儿成长档案。

2. 在幼儿成长档案上要有幼儿在园情况的教师评价,幼儿作业(儿歌、歌曲、数学作业等,教师自己定),此类项目必须在每月底发放幼儿成长档案本之前完成。

3. 次月初幼儿上交幼儿成长档案,教师需及时批阅幼儿上交的作业。一周还未上交的幼儿,教师可向家长联系,要求家长上交幼儿成长档案。

4. 每次的观察记录教师必须按照幼儿的个别表现情况而评价,可以是行为习惯,也可以是学习、生活的情况,切忌大一统的模式套写评语。评语主要以表扬进步为主,缺点通过教师的希望等形式提醒。

★家园联系栏:

1. 开学初应布置好家园联系栏,家园联系栏的内容包括周计划(展示每周活动计划)、教学内容(展示每周的活动资料)、育儿知识(展示家庭教育及保健知识)、通知(展示幼儿园及班级通知)等。

2. 家园联系栏的内容应每周更新一次。

3. 周计划中:

(1) 写明"一周主要工作目标"及"给家长的话"。

(2) 写明每天要进行的晨间谈话,可以针对常规、安全、晨间活动及主题活动中要涉及的内容等方面进行谈话。

(3) 写明每天要进行的晨间活动,可以是发展幼儿走、跳、跑、爬、转、投掷等动作,或是平衡、协调等方面的技能。

(4) 上午共三个活动,其中包括一个游戏活动(教师根据实际情况自定)。

(5) 写明每日的餐前活动及餐后活动,如:看图书、看动画片、听故事、猜谜语、游戏等等(有助于幼儿安静下来的活动)。

(6) 下午共两个活动,其中包括一个游戏活动(教师根据实际情况自定）。

（7）离园活动主要是帮助幼儿整理衣物、与幼儿道别、打扫教室、午睡室的卫生等。

★家长工作：

晨间接待：保证教室的整洁，早上幼儿来园，必须热情迎接家长及幼儿的到来，主动从家长手中接过孩子。

晨检：检查孩子有无发烧、感冒、皮肤上的状况等，身上有没有带危险的小物件，如珠子、尖锐物品等，传染病高发季节或流行期，特别关注传染病的病况。

晨间谈话：上课前，针对班级中的行为习惯等问题开展集体谈话。

早操：在幼儿园统一安排做操前，教会本班幼儿做操。带幼儿到场地做操的过程中要求孩子们排队，并管理好孩子们的秩序，做操时教师在前面带操。

三、教科研

新教师工作满三个月后进行考核，工作满一年后需再次考核，工作中每学期开展汇报课一次，遵循师徒结对协议。

四、安全问题

1. 早上 7：50 分前进班，迎接幼儿来园，做好晨间检查工作。安排和组织好幼儿的晨间活动、早操和晨间谈话，教师的视线不准离开幼儿的活动场地。

2. 主题活动中要经常渗透对本班幼儿进行安全教育和宣传活动，使幼儿自觉遵守园纪园规和有关安全管理的各项规定。使每一位幼儿懂得各种安全防范和自护自救知识，懂得生命存在的价值。

3. 幼儿课间上下楼梯和大小便时，教师事先要做好对幼儿的安全教育，教师应站在楼梯口或教室门口关注幼儿。

4. 中餐前组织幼儿有序洗手，给幼儿分好饭菜，和幼儿一起就餐,并管理好幼儿就餐,对进餐慢等问题的幼儿,教师要给予引导。

5. 对进餐快的幼儿教师要组织好活动,不得让幼儿放羊式活动。全部幼儿就餐完毕后,教师可组织一些轻松的活动(如看看图书等)。

6. 午睡时,加强对幼儿的安全教育,上下小床时要在教师的组织下有序上下,盖好小被子,放好衣服,不准将衣服挂在小床上。起床时,教师不准离开午睡室,在教师的视线范围内,上铺幼儿站在靠墙边或小床连接处叠被子,把被子放在爬上去的另一边。然后让幼儿慢慢上小床。等所有(除大小便急的幼儿外)幼儿起床后,统一在教师的带领下进教室进行午检后,组织吃点心和其他活动。

7. 放学前加强对幼儿的交通安全教育,准时放学,并跟家长做好交接工作,未准时来接的幼儿家长,教师要管理好幼儿并和家长取得联系,不准随意让别人代接。

五、财产管理

1. 开学初整理好班级财产,并做好登记工作。

2. 班级财产做好保管工作。

3. 财产坏损,及时上报,维修好后填写好维修记录单。

4. 新增财产做好及时登记工作。

5. 期末进行财产整理和清点工作。

总之,作为幼儿专业教育者,我们应该具有不断研究专业知识的意识与能力。积极地用教育理论知识,去解释教育实践中出现的问题,把自己的教学实践作为认识对象。进行有效反思;不断借鉴、研究他人的教育经验,追求卓越的幼儿教师,是促进专业发展的有效途径。随着我国教育水平的不断提升,人们对幼儿教育质量的要求也越来越高,因此,一定要选择具有专业背景的幼儿教师,让幼儿教师在教育过程中充分结合人性化的教育理念,为孩子们日后的生活学习打下健康、坚实的基础。只有专业能力水平不断提升,专业素养才能不断提升,幼儿教师专业伦理水平也才会越来越高。

6. 幼儿教师专业伦理发展

著名的教育家陶行知先生曾说过:"学高为师,德高为范。"作为一名光荣的幼儿教师,不仅要具有广博的知识,更要有高尚的道德。幼儿教师要自敬自重,正如人们说的那样"要人敬的必先自敬,重师重在自重",必先提高自身的职业道德素养,发展专业伦理素养。第一,要爱岗敬业。选择了幼儿教育,就要爱这份专业,把专业作为事业来实现自我的发展,力求做好自己的本职工作,认真负责、坚持发展,不断超越自我。第二,严格要求自己,遵纪守法。深入学习《中华人民共和国义务教育法》《中华人民共和国教师法》《教师资格条例》等法律法规文件,按照《新时代幼儿园教师职业行为十项准则》严格要求自己,奉公守法、恪尽职守、为人师表、遵守社会公德、忠诚幼儿教育事业。第三,做真正的幼儿教师。做幼儿教师就要做到"三心俱到":即"爱心、耐心、细心",无论在生活活动、教学活动、游戏活动还是其他辅助活动中,都要时时刻刻关爱幼儿,特别对那些发展较慢的幼儿,更是要"特别的爱给特别的你",切忌易怒易暴、言行过激,对幼儿要有耐心,对幼儿细微之处的好的改变也要善于发现,并且及时多加鼓励,培养幼儿健康的人格,培养幼儿健康的行为习惯、生活习惯和学习习惯。

总之,作为一名幼儿教师,我们要从思想上严格要求自己,在行动上提高自己的工作责任心,尊重每一位幼儿,爱护每一位幼儿,树立一切为幼儿服务的思想,并不断提高自己的钻研精神,在专业素质和专业伦理水平方面不断提高自己,做一个高尚的有人格魅力的人,用崇高的师德塑造人。

二、幼儿园教师专业伦理发展个案行动研究

"约翰·艾略特(John Elliott.，2003)认为,行动研究是由一种感觉开始的……即觉得在行动方面会有所创造的感觉","行动研究包括持续不断的情况修正,以及以行动的观点进行理论总结。行动研究中的行动指一种特殊的生成性行动。……一种利用新事物改变人类生活的活动","人们在行动中学习……行动总是由那些信仰自由和平等的人来进行……在行动中实践者会重视其他人对问题的独特观点……实践者也会在与其他人交流的基础上表达自己对问题的看法……他们自己独特的观点……对阿伦特而言,只有行动才能体现自我存在感。""对教育者而言,行动研究是进行教育环境和学校活动变革的有力工具。行动研究之旅是:专业成长和发展,以及终身学习的强有力的方法和模式;一种支持批判性反思实践的模式,可以成为教与学的固有组成部分;一种有目的、有意识地从实践中学习的过程;人员的持续发展、文化转变和教育变革;是基于研究的课程和课题开发。行动研究之旅使我们关注我们最重视、最想解决的问题,然后寻求解决办法,从而更高效地生活。"[①]

幼儿教师专业伦理作为幼儿教师专业发展的重要内容,是教师专业成熟的重要标志。幼儿教师专业伦理是幼儿教师在与幼儿、同事、家长、领导等相关人员相处以及从事职业活动互动时,应遵守的教师基本专业行为法则、规则、原则与规范。幼儿教师专业伦理发展包含教师专业伦理认知、教师专业伦理情感、教师专业伦理行为、教师专业伦理意志等四个方面。不管从探讨幼儿教师专业伦理中幼儿教师与幼儿、同事、家长、领导关系的内容出

---

① ［美］玛丽·路易丝·霍莉,乔安妮·M.阿哈尔,温迪·C.卡斯滕:《教师行动研究》,祝莉丽等译,北京:中国人民大学出版社,2014:4。

发,还是从幼儿教师专业伦理认知、情感、行为、意志等发展阶段出发,发展幼儿教师专业伦理,实现创造个体的价值,实现职业幸福,建立良好的人际关系,实现学校和谐发展都是极具现实意义的。幼儿教师应以"提高教师专业伦理认知、加强教师专业伦理情感、规范专业教师专业伦理行为、锻炼教师专业伦理意志"四点为提高自身专业伦理发展的基石。为此,针对幼儿教师专业伦理发展,我们对幼儿教师以及家长做了以下调查(调查表详情见附录5、6)。此外,针对前面教师专业伦理发展的调查之外,我们还针对幼儿园部分幼儿教师专业伦理发展进行了行动研究。

怎么运用行动研究对幼儿教师专业伦理进行研究? 行动研究指有计划、有步骤地对教学实践中产生的伦理问题由幼儿教师或研究人员共同合作边研究边行动以解决实际问题为目的的一种科学研究方法。本次行动研究是幼儿教师以解决"幼儿教师专业伦理发展"问题为目的而运用的科学研究方法,行动研究是一个螺旋式加深的发展过程。用简单通俗的话来解释:就是发现相关伦理问题,运用相关策略,解决相关问题的系列过程。接下来我们将以三个方面对部分幼儿教师"专业伦理发展"进行行动研究。

(一) 幼儿教师与同事的交往行动个案

在以教学工作为核心的专业领域内,以幼儿教师与同事之间进行专业交往时表现出的行为事实进行研究是幼儿教师专业伦理发展的一个方面。

案例 3

研究背景:2020 年的鼠年是个不一样的春节,因为不速之客——新型冠状病毒肺炎的来到,教师与孩子不能如期相见。原定背起小书包上学去,却变成了在手机或者平板面前相约。接到教委有关延期开学的通知以后,幼儿园的老师们就立即行动起来。尽管幼儿园并不像大中小学一样有课业方面的压力,但园方还是希望通过"空中课堂"的方式,让孩子们在家的生活更加丰富多彩。

因此老师们也一个个变成在线主播,建立学习群、录制视频、同步互动等等。也因此问题就自然而然地发生,空中课堂大家都没有接触过,如何进行空中课堂课程呢? 空中课堂又如何录制呢等等问题。于是,幼儿教师团队在发现问题、解决问题中彻底解决了这一大难题。

实施策略:

"空中课堂"是利用先进的网络信息技术进行直播的网络教学。相对于一般的课堂教学,空中课堂可以跨越时间和空间的限制,让师生在任何时间、任何地点、足不出户就能实时而又快捷地进行课堂交互活动。这对于教师的能力要求又提高了一大截,不但是见证老师的教学能力,更是见证教师的信息技术操作的能力,还有一点是"空中课堂"也成为一种"空中开放课堂"。

这是幼儿园老师们第一次录制线上课程,此前他们从未有过类似的尝试。从讨论方案到原本的开学时间只有短短一周时间,全园临时组建了二十多人的"空中课堂"团队,既有园里的行政干部、骨干老师、新星教师,还有负责剪辑制作的工作人员(具体指公众号制作人员)。"一节网上亲子课程,大约是 5 分钟。但是这 5 分钟的背后,是一遍又一遍的重复,一次又一次的精益求精,有时候甚至需要录制好几个小时。"幼儿园沈老师说,她是这所幼儿园党支部的一名党员,教学 20 年,但是用手机录制网上课程还是第一次。

为此,"空中课堂"团队内的幼儿教师们还特地找了网络视频,自学了录制网上课程的注意点和技巧。当第一次网课呈现在幼儿教师团队中的时候,各位幼儿教师根据自己的看法讨论交流,最后归纳总结。把课堂中出现的问题逐一解决。当视频无法插入到宣传用的公众号中时,幼儿教师们向单位求救。幼儿园内部有一位正在哺乳期、擅长电脑技术方面的教师，也是放下孩子牺牲自己的休息时间伸出援手，与教师一对一视频指导交流。再碰到很难解决又查阅不到资料的问题特地向当地小学信息教师进行咨询。

幼儿教师团队中都有每个年级组的幼儿教师们，幼儿教师们首先在年级组进行视频会议，从幼儿园的课程安排和教学成果中筛选出适合在家里实施的内容，然后再一起整理出来，由相关幼儿教师在自己家里拍摄视频，拍摄的视频由幼儿教师发送到团队交流群内，由群内幼儿教师审核通过之后再把这些素材发到后期制作小组，剪辑后配上字幕和幼儿园的统一设计，形成完整的开放课程。在这些相互讨论与工作联系中，同事之间常常因意见不同有一些争论，每位幼儿教师在争论的时候都认为自己的看法能够修改并录制更高质量的空中课程，专业的争论是必要的也是可取的，为避免幼儿教师们意气用事，各个团队的领导都会及时、有效地进行调节，在不伤和气的前提下更能够录制出高质量的空中课程。

从"空中课堂"的课程计划表可以看出，课程内容不仅涵盖健康、美工、科学、音乐等多个门类，还包括一节特别的《冠状病毒及防护》。目前给大中小班分别量身定制了两周的课程内容，每天上午9点和下午3点各安排一节，三个年龄段加起来共计60节。

实施效果：

以亲子陪伴为原则，梳理和选取新学期《完整儿童》课程、幼儿园嬉戏课程和亲子居家小游戏等，由党员教师带头，录制亲子教学视频，让家长和幼儿利用疫情的放假时间，通过亲子互动，增进亲子情感交流。"现在技术很发达，线上交流本身并没有多大问题，真正的难点在于如何引导家长在家庭的环境里，特别是当前不方便出门的情况下，带着幼儿利用有限的条件完成课程安排。"在团队成员的共同努力下，一节节充满生活气息的课程相继诞生。以科学活动课《瓶子吹气球》为例,用到的是厨房里常见的白醋和小苏打;《摩擦起电》则是用普通的塑料梳子和易拉罐,选择这些都是为了让大家能够就地取材。

虽说是"空中课堂",但授课质量丝毫没有打折扣。幼儿教师团队在准备这些课程时,要跟线下教学一样进行备课,提前在微信群里告知家长需要准备哪些材料。刘乐琼教师表示,行政领导也会进入每个班级的微信群里,了解每位老师的备课情况以及跟家长的互动情况,并将根据幼儿和家长的反馈,及时对课程进行修改和完善。家长表示:我们对屏幕前老师付出的辛勤劳动表示感恩,对一开始空中课堂出现的突发状况表示宽容。许多家长在微信群里发长文,感动了幼儿园的老师们。

"空中课堂"团队中的李老师说:"疫情就是命令,防控就是责任。"疫情下的课堂,让我们转身为"主播",但在这新的课堂模式中,团队转换新的观念,不停地探索,改进授课方法,群策群力让"空中课堂"变得有实效,有亲子的温馨感,有创意之感。"也让幼儿教师们更有团队的凝聚力,更加能够相处和合作,合作共事的质量得到进一步的提升,也相应地提升了幼儿教师专业伦理水平。

案例 4

研究背景:每一年每一所幼儿园都有新的血液注入,新教师的加入为幼儿园增添了不少生机,但不是每一位新星教师天生就可以独当一面的,当然,其中少不了前辈教师、结对师父的指导与携领。青年教师是教育事业的未来和希望。青年教师的成长和进步对幼儿园的未来起着至关重要的作用,是幼儿园实现可持续发展的关键所在。为了进一步加强青年教师队伍建设,促使广大青年教师迅速成长,培养、造就一支德才兼备的青年教师队伍,不断提高幼儿园竞争力,特制订本方案。

实施策略(简略):

针对新教师的培养需求,师徒一起制定本学期培养计划(现

状分析、培养目标、实施步骤等)

1. 每位新教师制作成长档案,确定三年规划,体现三年成长足迹。

2. 新老教师分别每学期互相听课不少于10节(每周至少互听一节课),将平时听课内容和反馈意见记录下来。

3. 新老教师在平日的日常管理、业务指导等方面加强沟通,由新老师负责记录问题、解决策略、一学期以来的收获与成绩等。

4. 期末召开总结交流会,互相交流新老教师的表现与进步,总结经验、反思不足,共同讨论下学期的改进设想与计划。

5. 根据新教师的成绩和进步状况每年评选全镇优秀指导教师若干名,以资鼓励。

实施效果:

当时,研究者正是师徒结对中的一个成员,在结对团体中能够很方便地进行研究,特将其中一组师徒结对实施效果做以下小结:每一年新教师将填写各培养表格等等。三年结束之时,与李老师结队的小周老师年轻有活力,对待班级各项工作积极主动,新教师是学前教育专业,面对全新的课改新理念,由于小周老师所在大学学习教育理论知识功底扎实,在领会新理念精神和教学经验方面更佳。学期初在班级教学中,李老师和小周老师两人根据自己的特长、优势,找出了各自需要提高的地方他们认真分析自己的优缺点,对于好的地方提出来大家一起学习,对于不足的地方互相帮助其改正,在原有的基础上都能够得到一定的发展、进步,而幼儿教师们之间的关系也愈加紧密,合作更加顺畅。

根据李老师自述:我平时关心小周老师的课堂教育教学和班级管理工作,经常询问她在教学工作中有什么困难,互相商讨搞好课堂教学和班级管理各项工作。小周老师除了园内要求听好师父的课之外,只要一有时间就和孩子们坐在一起听李老师的随堂课,并且每次听好课向师父请教,互相进行交流评析。李老师说："我们两个上公开课的时候,我们会互相讨论教学方案,反复试教,直到满意为止,本学期小周老师的徒弟教学比武活动以教育理念的转变赢得了园领导和听课老师的一致好评。在结对的时间里,我们还及时地进行阶段性的交流情况,吸取好的经验,取长补短。"

小周老师说："作为新教师我不仅把李老师作为师父,也作为互学互长的朋友。在师父教授我之前,我就告诉自己首先严格要求自己,不断充电,提高自身素质,为人处世应谦虚、刻苦、上进。"在学习期间,李老师不仅是我的师父,幼儿园所有的老师都可以作为我的师父。在我发现周围老师的特长时我要虚心学习,把提高自身素质作为工作目标之一。在这期间,小周老师积极请教教育教学方面的经验,她自己也在课堂教学、班级管理等方面有更进一步的提高。其次,在平时的休息时间里,经常看见她在寻找有关资料、看相关书籍,她自己的专业理论也有一定的提高。再次,在其他老师上公开课时,她也总是前去听课学习,并仔细记录、认真评析,使自己在评课方面有了一定的进步。她说："感谢幼儿园给了我一个学习的机会,三年对于我来说有些短,我的教育生涯都将在学习中度过以求自己进步,幼儿园的每一位老师都是我学习的榜样!"在互帮互助的学习中,小周老师在教学能力和班级管理方面有了进步。在三年教学中每年都获得家长的一致好评,更是被评为最美教师。相信在以后的工作中,每一位教师都会更主动、更认真、更努力,争取更大的进步!

(二) 幼儿教师与幼儿的互动行动个案

在以教学工作为核心的专业领域内,将幼儿教师与幼儿之间进行专业交往时表现出的行为事实个案进行记录。

案例 5①

研究背景：小班幼儿尚未养成阅读的好习惯，语言区里的图书容易破损，一些反复修补的破图书对幼儿再也没有吸引力了，放着多余，扔了又可惜。我引导幼儿把破图书里完好的插图剪下，可小班幼儿手的精细动作还没发育完善，不会沿弯曲的边缘剪插图，做精细动作很累也不感兴趣。于是我请大班幼儿帮忙剪下插图装在盒子里投放在语言区，看看小朋友会怎么玩，于是就衍生了"大带小"故事墙排图讲述活动。

活动目标：

（1）激发幼儿排图讲述的兴趣，发展语言表达能力。

（2）在语言区活动中乐于合作，体验"大带小"活动的乐趣，发展社会交往能力。

第一阶段

活动观察：我将大班幼儿剪好的图片用大月饼盒盛着，投放到语言区，语言区顿时热闹起来。孩子们争先恐后涌入语言区，都挤在月饼盒前，七手八脚地翻找自己喜欢的图片随意在地面、桌子、椅子上摆放。AM 说："我喜欢大恐龙。"YN 说："我喜欢哈巴狗。"一会儿 N 告状："老师，Z 推我。"一会儿 D 又来告状："X 抢我的。"有的小朋友觉得推推挤挤不好玩，又不舍得把自己喜欢的图片给别人，一直揣在手中，带到别的区域里，揉得皱巴巴的，扔在地上。我见此情形说："你们都喜欢这些图片，想想这些图片可以怎么玩？不然抓在手里都皱巴巴的，有的还扔在地上，真可惜。"小朋友听了忙把地板上的图片捡起来，就去玩别的了。

活动分析：

（1）新鲜的材料容易吸引小班幼儿的注意力，从语言区幼儿

---

① 刘苏："大带小"语言区活动：故事墙"排图讲述"［EB/OL］，http://www.bjdcfy.com/qita/yejyxdyjal/2015-12/515077.html.2020.04.12。

的表现看出他们关注和交流的是一些感兴趣的动物图片的名称，但目的性不强，较少关注图片上的情景。也没想到这些图片可以怎么玩好玩，兴趣容易转移，一会儿就不感兴趣了，需要老师多引导，激发幼儿思考图片的玩法。

（2）由于老师投放的月饼盒只有1个，且盒子里的图片是随意摆放的，没有分类导致幼儿找图片很费劲，出现拥挤、争抢现象，为了避免拥挤、争抢现象，教师应启发幼儿思考为了避免出现拥挤现象应该怎么做？是多添设几个月饼盒，还是引导幼儿进行图片分类再放置，找到更好、更方便、更有效的放置方式。

调整推进：

教师介入引导幼儿根据图片内容进行排图，发挥想象力创编故事。

再一次区域活动中，我举着月饼盒说："这可是一个神奇的故事盒，里面有好多有趣的故事。你看这张图片上有什么？""这张呢？""这张呢？"我把小兔、树林、小狗按顺序排说："一天，小兔想去森林里采蘑菇，因为树林里的草地上有许多蘑菇。她担心迷路了，就请好朋友小狗带路，他们采了好多蘑菇。"我接着引导："你们可以看看图片上有什么，然后把这些图片排在桌上，编一个好听的故事。"

材料投放调整：

（1）增加月饼盒数量，且每个月饼盒分别隔成几个空格，引导幼儿分门别类摆放图片。如：动物类、植物类、日用物品类等。

（2）我和孩子进行了一次谈话，针对语言区拥挤和争抢的现象商讨解决策略。大家一致认同在语言区选图片应讲文明，不推、不挤、不争、不抢。

（3）加入控制点：限定幼儿入区人数。

（4）引导幼儿分门别类收拾图片。

第二阶段

活动观察：经过我的引导和投放材料的整改，幼儿拿图片有序多了，不再七手八脚、你推我挤地翻找。但能够将几张图片联系起来排图讲述的幼儿还很少，只有YN会将两张图联系起来讲述。她一手拿喜羊羊图片，一手拿灰太狼图片放在桌上说："喜羊羊在羊羊村玩，灰太狼来了，要吃喜羊羊。"J在桌上摆图片说："一天小猴吃汉堡。一天小鸡吃虫子。"X也摆了张图片说："一天，猪妈妈和小猪逛街。"之后便无话可说，我见状介入。收拾时小朋友们依然将图片随意放进故事盒，很少分类摆放。只有YN和J在老师的提醒下会将一些图片分类摆放。老师每天都要亲自分门别类整理小图片。

活动分析：

小班幼儿社会经验少想象力不丰富，词汇贫乏，不善表达和交流，他们感兴趣的是排图的动作。观察图片目的性不强，语言表述简单，只会说短语，较少将几张图片联系起来发挥想象力排图讲述。他们社会交往能力尚未发展成熟，大多幼儿自个儿讲述，很少与人交流。他们的知识面较窄，逻辑思维还没发展，分类收拾图片对小班幼儿来说相对较难。需教师花时间引导幼儿排图讲述和分类收拾图片。

调整推进：

（1）小班幼儿排图讲述和分类收拾图片需要老师持续花时间观察、引导来静待花开。可区域活动时老师还有别的区域的幼儿需要关注和指导，如何解决这个矛盾呢？刚好大班老师也在探讨怎样提高语言区的实效性，语言区的材料很少能较长时间激发幼儿的兴趣，玩法也不够丰富、有趣，幼儿进入语言区的积极性不高。于是，我建议区域活动时间一起来尝试在语言区开展"大带小"活动，每周大班定期派4位幼儿到小班带领幼儿看图书、排图讲述和分类收拾图片，这样既可以发展幼儿社会交往和语言表达能力,又可以激发幼儿进入语言区的兴趣。同时还建议大班老师在开展"大带小"活动之前先针对小班语言区的活动内容组织幼儿讨论怎样"大带小"。

（2）可以开展相应的分类游戏或学习活动,有利于幼儿分类能力的发展,这样幼儿再进行图片收拾时,教师再引导幼儿尝试区分动物、植物、日用物品等就水到渠成了。

第三阶段

活动观察：语言区"大带小"活动前,我向班级小朋友作介绍:"这4位大班的哥哥姐姐可喜欢我们班的小朋友了,他们很会编故事,准备在语言区和大家一起玩编故事游戏。"Y、YN、J等十来位小朋友听了急切地进入语言区。

4位大班的哥哥姐姐也进入语言区,Q姐姐到图书角挑了一本《天线宝宝》说:"这本书你们看过吗?"JH哥哥进去后左看右看,看见小朋友在拿图片,就问我:"老师,他们是不是要排图讲述。""嗯,他们还不大会排图讲述,你教教他们吧。"这时YN正一手拿着喜羊羊图片,一手拿着灰太狼图片对JH说:"喜羊羊在羊羊村玩,灰太狼来了,要吃喜羊羊。"只见JH在故事盒里挑出一张黑猫警长图片说:"黑猫警长发现了,气得瞪大眼睛,马上派兵把灰太狼抓走,喜羊羊得救了。"YN高兴地将图片放在桌上,直挥双臂说:"喜羊羊得救了,喜羊羊得救了,耶耶!"好多小朋友听了都围过来。"还有懒羊羊,懒羊羊在哪?"YN又去找懒羊羊。J将一张喜羊羊、一张懒羊羊的图片放在YN的图片上,立即提高嗓门大声说:"喜羊羊来了,懒羊羊也来了,羊羊村真热闹啊。"

J接着说:"我喜欢这个黄色的故事盒,里面有喜羊羊和灰太狼。"YN应和着说:"我也是。"于是大家都涌过去,忘了规则,挤在一起七手八脚找羊羊们的图片,压成一团。JH见状忙大声嚷:"别挤了! 一个一个轮流找。"可谁也不听,于是他用力扒开人群,扯了一下J,大吼一声:"别挤了!"J吓哭了,其他小朋友吓得一窝蜂地散开。

我见状问JH:"平时你们班级出现大家乱挤的时候,老师怎么处理?""老师叫大家别挤了! 一个一个轮流找。""那老师是不是又扯又吼?"JH不好意思地说:"不是。可这些小屁孩都不听"。"那该怎么办? 你这样当哥哥把大家都吓跑了。"小朋友再也不敢来到JH身边,JH悻悻地自个儿玩。收拾图片时好多小朋友们都把图片放错格子了,哥哥姐姐们边整理边忙不迭地说:"放错了,应该放在这个格子里。"可小朋友们一脸茫然。

活动分析:

(1)第一次"大带小"活动,大班的哥哥姐姐有一定的责任感,能够主动带领幼儿排图讲述和分类收拾图片。可大班幼儿的社会交往能力也正在初步发展中,他们缺乏处理事情的经验,面对自制力差,兴致来了找图片就乱挤的小班幼儿,情急之下只会按自己的方式处理,把小朋友吓哭了,老师可以针对小班幼儿的年龄特点启发大班幼儿思考一些交往的技能和处理问题的技巧,并模拟考虑下次遇到某某情况怎么做好呢。在收拾图片时大班幼儿只会发指令说小班幼儿"放错了,应该放在这个格子里"。不懂得教弟弟妹妹怎样分类收拾图片。这方面也需要老师引导哥哥姐姐教弟弟妹妹怎样分类收拾图片。

(2)从区域活动中发现与幼儿生活密切相关的熟悉的图片容易激发幼儿说的兴趣。如:幼儿感兴趣的动画片的图片——喜羊羊和灰太狼的图片。但幼儿教师投放的相关图片较少,幼儿教师应及时添加与幼儿生活密切相关的熟悉图片。

(3)小班幼儿自制力差,找图片乱挤的行为还需老师多提醒多引导,一步一步进行指导。

调整推进:

(1)材料投放调整:为了满足幼儿的现实需要,可以和幼儿一起考虑他们喜欢什么样的图片? 应投放什么样的图片? 如一些幼儿平时常看的动画片图片,生活中常常见到的一些图片等。可动画片插图一时没得找,只能电脑下载打印,色彩不好看,我请大班哥哥姐姐帮忙画好剪下。

(2)请大班老师针对小班弟弟妹妹们的一些心理和行为特点,组织哥哥姐姐讨论要是碰到弟弟妹妹"不懂事"时该怎么办?

(3)继续针对小班幼儿进行文明行为教育和分类收拾图片指导。

第四阶段

活动观察:大班幼儿再次来到我班,兴致勃勃地带来了好多小朋友画的图片,有喜羊羊和灰太狼,有大耳朵图图,还有天线宝宝。也有其他大树、公主、怪兽等图片。小朋友们又高高兴兴地围在哥哥姐姐们身边,和哥哥姐姐排图编故事。JH哥哥带领弟弟妹妹们一起排图编故事。JH问:"你拿的是什么图片?""你呢?"JH说:"那我们一起把图片排在桌上编天线宝宝的故事。""有一天,天线宝宝出来玩,小波出来了,小波蹬着滑板车飞快地出来了。"

"小波在哪?"Y找了一张小波的图片拿在手中不肯放下。J赶忙将手里的一张递过去说:"给你。"JH继续编:"D拎着包包也高兴地跑出来了。"一心把"迪西"排在"丁丁"后面说:"迪西也出来了。"JH哥哥说:"他们排成一队准备到山坡上去玩。"大家趴在桌上,头越凑越近,Y说:"拉拉还没出来,拉拉迟到了。"突然一个喷嚏把图片全吹飞了,小朋友哄堂大笑。

JH哥哥忙把图片重新摆好。这时Y小朋友故意打了个喷嚏,又把图片吹飞,大家又大笑起来。JH哥哥说:"谁故意打喷嚏的,我不跟他玩。"小朋友才安静下来继续和哥哥津津有味地排图讲故事。那些图画纸画的图片太薄了,排在桌上有的翘脚,有的卷起来,他们一边压平一边讲故事。收拾图片时,YN、Y和J三位小朋友已基本能分清动物、植物和日常用品,能初步进行分类收拾图片了。

活动分析：

（1）第二次"大带小"活动，幼儿们的合作比第一次融洽。可小班幼儿注意力容易转移，容易受突发事件干扰，且喜欢模仿一些觉得好玩的动作。一个意外的喷嚏就转移了他们编故事的兴趣，且他们觉得喷嚏把图片吹飞很好玩，就开始模仿。这次JH哥哥不再那么粗暴，处理事情的态度和方法明显进步了。

（2）新投放的大班幼儿画的图片切合幼儿的生活经验，使幼儿合作排图讲述的积极性高涨。

（3）幼儿用图画纸画的图片太薄，容易变形，不便幼儿操作，需过胶。排图讲述放在桌面，图片容易移动，容易受突发事件干扰，可以考虑创设一个既便于幼儿排图讲述，又能让幼儿所排的图片相对固定的展示台，不易受突发事件干扰的环境。

调整推进：

（1）将幼儿用图画纸画的图片拿去过胶，投放在大班的手工区，请大班幼儿帮忙修剪。

（2）环境创设调整：将排图讲述从桌面拓展到活动室墙面，在墙上并列贴2条宽15cm的长条形透明过胶纸，上下两条间隔30cm，取名"故事墙"。让幼儿自由选择图片插在"故事墙"的长条形透明过胶纸上，发挥想象力进行排图讲述。这样既可以满足多个幼儿合作排图讲述的需要，便于展示，又不容易受突发事件干扰。

第五阶段

活动观察："故事墙"前面，小朋友们或蹲或站。J、Q、N三个小朋友将图片插在"故事墙"下面一排，合作创编喜羊羊和灰太狼的故事。Q和N在"故事墙"上面一排排图创编怪兽的故事。J在故事墙的左边排图讲述。他们时而互相观看、倾听、交流，时而又各自三三两两自己排图创编故事。C突然把上排的"怪兽"插到下排,J、Q、N 的排图里说:"怪兽跑到羊羊村了。"J、Q、N 就把下排的图片全都收起来说:"大家都跑走了。"Q 问我:"老师,怎么没有丑八怪的图片,我要编丑八怪的故事"。"我也要编丑八怪的故事,也没有图片。"J 说:"那我们自己画丑八怪。"于是,他们跑去美工区拿笔和纸。

活动反思:

(1)《指南》指出:幼儿在运用语言进行交流的同时,也在发展着人际交往能力、理解能力和判断交往情境的能力、组织自己思想的能力。[①] 本着《指南》的理念尝试开展"大带小"语言区活动——有趣的故事墙排图讲述,由于"大带小"活动的时间较短,仅两个星期,为了"大带小"合作成功的愿望,大班老师派到大班的哥哥姐姐都是班级里口语表达能力和社会性发展较好的小朋友。为了持续、系统地培养幼儿的合作意识和交往能力,大班老师连续几次派的都是同一批幼儿。令人高兴的是"大带小"排图讲述既激发了大班幼儿说的兴趣,也激发了小班幼儿说的兴趣,小班幼儿在哥哥姐姐的带领下初步领悟了排图讲述的方法,虽然用的词汇没大班哥哥姐姐那么生动、丰富,但能较完整地排图讲述。"大带小"语言区活动还促进幼儿合作交往能力的发展,实现了预设的目标。

(2)故事墙排图讲述与桌面排图讲述相比有很多优势。"故事墙"空间的扩大,大大满足了幼儿合作排图讲述的需要,拥挤现象不见了。"故事墙"的创设还解决了桌面排图容易移动或被风吹走的欠缺,便于幼儿操作和展示,幼儿的活动积极、有序,"故事墙"成为班级墙面环境创设一道靓丽的风景。

(3)其实一些与排图讲述相关的其他技能也可以通过"大带

---

① 李季湄、冯晓霞:《〈3—6 岁儿童学习与发展指南〉解读》,北京:人民教育出版社,2013。

小"活动来实现,比如:剪图片、画图片、泥塑、折纸、表演、角色游戏等等,但我担心"大带小"活动内容多样会分散小班幼儿的注意力,而且不方便老师观察与指导,因此不敢尝试。可令人惊喜的是"大带小"已激发幼儿自己动手绘画所需图片的灵感,第五阶段我应该放手让幼儿试一试。

　　以上案例在以教学工作为核心的专业领域内,包含了幼儿教师与同事之间、与幼儿之间进行交往时表现出的行为事实。从此案例中看出:幼儿教师在同事的帮助下、幼儿的"隐形"配合下,创造了和谐的班级人际环境,幼儿与幼儿的互动,幼儿与教师的互动,渐渐地更加和谐,相互交流更有效。可见,无论是幼儿教师还是幼儿,在这一持续的教育活动中,合作更融洽,专业行为得到了很大的发展和进步,符合幼儿园教育活动实际,也越来越符合幼儿教师专业伦理的规范,较好地发展了幼儿教师专业伦理,自身得到提升,经验得到改进,能力上提升了一个层次。

(三) 幼儿教师与家长的交往行动个案

　　幼儿教师与家长之间进行良好的专业交往对幼儿的发展、形成家园共育环境是很重要的。

案例 6

　　研究背景:这个学期,我发现班上有不少幼儿有挑食的现象。基于希望鼓励此时期的幼儿能够勇于尝试新的食物,能够渐渐就此改变偏食的习惯,并希望建起家园共育的桥梁,有意识地培养他愿意尝试的行为,而不是对于某种类型的食物一概拒绝。在这个状态下,希望借由行动研究教育方法来与家长携手使偏食的幼儿多尝试各种不同的食物,不断有新的口味的感受和经验,提供给幼儿一个养成均衡、良好饮食行为的机会和条件。

　　活动目标:

　　(1)制定和实施良好饮食习惯养成方案,鼓励幼儿尝试不同的食物,感受不同的口味,为改善幼儿挑食的饮食习惯打基础。

（2）通过不同的强化物和强化行为强化幼儿的尝试行为和心理，观察幼儿的发展情况。

第一阶段

活动观察：新入园的小班幼儿在经历过大半个月的适应期之后，各方面表现均稳定。但是在中午幼儿进餐环节中发现，许多幼儿存在挑食的现象。对象比较突出的是X，当这一天的菜肴对幼儿的胃口的时候，他会很快地进餐，并且会吃得很干净。当这一天菜肴不对胃口的时候，他就会表现出进餐慢、进餐困难的现象。什么是"进餐困难"呢？就是不要吃不喜欢吃的东西，等老师说吃一些的时候，倔强的X会咬紧牙关一口也不吃。对于这一情况，我们也和家长反映过，家长也很是苦恼，在家里也不要吃不喜欢的食物。

活动分析：

据家长说，X在家从来不吃蔬菜，每次都要让家长费尽力气才吃一点。这种挑食的习惯让身为老师的我们感到忧心，因为父母的溺爱或其他因素造成幼儿在这么小的时候就挑食，那长大以后更没有机会改善这种行为了。这种挑食的行为在幼儿入园前已经在不知不觉的情况下形成了，家里的长辈也没有阻止孩子这种"不适"生活习惯的养成，因此孩子开始慢慢地抵触不喜欢的食物，特别是蔬菜，也开始挑食了。

调整推进（家园联系）：

今天早上X的奶奶又说起这件事，我决心想个办法，让爱吃菜成为X的主动行为。当然，这不是一件急于求成的事情，我们需要让孩子慢慢地接受，这是一个循序渐进的过程，我们准备介绍喜欢吃菜的好处，再通过表扬喜欢吃菜的小朋友激发满满的意愿。

第二阶段

活动观察：这一天中午，幼儿园的午餐是红烧扎肉、清炒芹菜。我提前向食堂了解到菜谱，在进餐活动之前开展了"今天吃什么?"的活动,我告诉所有的孩子们:"我们今天吃的是扎肉和芹菜。肉和蔬菜搭配在一起可以......"今天的蔬菜是芹菜,我知道这是潇潇不要吃的,甚至还是班级里其他小朋友不要吃的菜,通过谈话活动,从认识上强化幼儿对芹菜的正面态度。不过,只有认识态度是远远不够的,要转化为行为还是很有差距。于是,在吃饭的时候,我看着 X 拿着勺子慢慢地吃了几口饭,吃了一些肉,都没吃菜。这时候我看到 X 边上的 Y 在吃芹菜,于是我说:"哇,Y 都在大口大口吃芹菜啦,这个芹菜吃进去真有营养啊,Y 要变聪明了。"然后我又停顿一下看着 X 说:"X 这么聪明也吃一点吧,那就更聪明了。"X 的勺子碰了碰芹菜马上拿走了,然后低下头继续吃着他的肉。

活动分析:

对于小班孩子有挑食、不爱吃菜的情况,老师首先要理解,然后慢慢纠正,千万不能批评,这样会使孩子一到进餐时间就心理紧张,更加影响进餐。幼儿早已养成不喜欢吃的菜就不吃这种习惯了,因此在幼儿园也是如此。可是幼儿园强调德智体美全面发展,任由孩子不良习惯的养成是不允许的,我们要帮助孩子纠正不良习惯,从 X 愿意碰一碰芹菜来看,他还是愿意吃的,但因为不合口味就放弃了,有愿意吃的意向就是一个很大的进步了。

调整推进:

通过上面的启发发现 X 有了吃菜的意向,X 相对于之前的表现已经有些进步了,而之前说吃一些蔬菜他是会大喊大叫的,甚至用勺子用力地敲着盘子敲出声音来。因此,我认为我们"循序渐进"的办法是可行的。我还需要在旁多多鼓励其他幼儿来"刺激"X。还需要与家长进行沟通,在家不能让家长继续"放任"幼儿挑食的行为,并温和地配合和有意识地引导 X 认识到蔬菜很好吃,吃了蔬菜很聪明,吃了蔬菜身体棒,吃了蔬菜有奖励等。

第三阶段

活动观察：又一天的中午，我们吃虾仁蒸蛋、肉丝包心菜。我如往常一样在进餐前介绍着这些菜肴的营养价值。进餐的时候，我看着 X 边上的 Q 在大口吃菜，我故意地用让 Q 和 X 周边的人听见的声音说："Q 都大口吃菜了，奖励你大拇指。"我轻轻地用大拇指在 Q 的额头上点了点。边上的人不乐意了也纷纷说："我也能大口吃菜。"我赶着这"趁热打铁"的劲头，我把大拇指都送给他们了，我故意忽略了 X，X 也忍不住说："我也能大口大口吃菜呢！"看他犹豫的样子，我忙告诉他说吃一点点菜也是吃菜的，看着 X 的勺子里有几根菜，他塞进嘴巴里的时候，我知道我已经成功了一半，我也守信地把大拇指送给了他。

活动分析：

正确引导不论是对于小班还是大班孩子都是很有效果的。让孩子们向着好的方向进步而不是产生逆反心理，这也需要运用教育的艺术。幼儿在教师激励其他幼儿的"刺激"下，也出现有希望获得奖励的心理。别看幼儿只是三四岁的年纪，但是他们内心有满满的"好胜感"，正是这好胜感让 X 不妥协，当孩子迈出了第一步，我知道第二步、第三步已经不远了。

调整推进：

纠正幼儿挑食不是一朝一夕的事，不能急于求成，要允许孩子慢慢进步，当然也要注意少盛多添不要一次给多。尝试着用更多的激励语言帮助 X 甚至更多的幼儿，让孩子摆脱"不爱吃蔬菜"的这个不良习惯。幼儿教师与家长要共同和幼儿谈好，让孩子知道吃菜不生病、有营养，成人希望她多吃菜，让幼儿有动力主动吃菜。

总之，幼儿教师在专业伦理成长的同时，家长也在学习、成长。幼儿教师与家长进行沟通的过程中，在吸取经验、进行总结。在此，幼儿教师在与家长进行专业交往时也有一些教育策略向家长告知。第一,告诉家长几个有效的办法,如学小兔、大嘴宝宝等,引导幼儿树立吃菜的意识,再让家长鼓励幼儿在家主动吃菜后进行奖励。第二,加强家园沟通,无论在家还是在园主动吃菜都要及时表扬,还可以奖励小贴片、小红花等。

幼儿进步是我们教师与家长共同看在眼里的,是大家彼此信任并且积极合作的结果。据家长反映:现在 X 吃菜已经基本不成问题,尤其是以前一口不吃的胡萝卜现在也能吃了,X 的妈妈、奶奶非常高兴,并且很积极地配合老师工作,加强了家园共育的联系。

活动经验:

孩子的一点点进步在家长看来都是了不起的成就,只有家长看到了孩子的显著进步她才会积极地配合幼儿教师的工作,这样良好的家园互动就建立起来了。从这点来看,幼儿教师要及时关注身边的孩子,并不断调整教育策略,找到适宜于不同情形、不同幼儿的教育方法,促进孩子的进步,可不能总让孩子在原地踏步。

(四) 幼儿教师教学的家园共育行动个案

不一样的家园共育发生在 2020 年春天这个特殊的时期,通过家长与幼儿教师的多次努力,幼儿"空中课堂"学习得以展开。

案例 7

研究背景:乙亥末,庚子春。一场罕见的新型冠状病毒感染肺炎在武汉发生,并蔓延全国,疫情数据不断攀升,病毒肆掠华夏大地,全国上下万众一心,攻坚疫情。虽不能与幼儿如期相约校园,但这一切都阻挡不了我们学习的热情。

今年的疫情给了幼儿园老师一个新的身份。老师当"主播",停课不停学,"空中课堂"实现了疫情防控与教学工作"两不误"。麻幼的"空中课堂"已在各家长群普遍开展。麻幼的"空中课堂"带给大家不一样的精彩。从五大领域出发,有锻炼身体、习惯养成、提高免疫力;有阅读书写、识字创编、看图讲故事;有趣事分享、学习家务、关心长辈；有保护环境、好奇好问、探究发现；有绘画手工、歌唱舞蹈等。

来自妈妈的回忆录：我们 D 有一些不好的习惯，比如说早上不愿意起床，起床还要拖拖拉拉，起床之后不愿意穿衣服叠被子。平时在家里的时候我们想让他帮长辈做一些事情，他也不愿意。在幼儿园的时候，我们就知道他不是特别喜欢动手，而且非常没有耐心，也不够细心去完成手工或者绘画作品。对于这些不好的习惯，我们一直在努力地想给他纠正。现在宅家，我们更是头痛了，每天苦口婆心，但他什么也不愿意学，每天看电视……

针对疫情，幼儿园推出了"空中课堂"，那么作为一名一线教师，我该如何用好"空中课堂"这个平台，让课程落地，让孩子受益，让家长放心呢？都说聪明人会化"危"为"机"，我想我也许可以抓住"空中课堂"这个教学契机，开启一场不一样的家校合作"探索之路"，帮助 D 妈妈一起丰富 D 的宅家生活，养成良好的学习、生活习惯。

实施策略：

"空中课堂"健体篇——铸就强健小力士

为了在这个特别的寒假过得充实愉快，我们一起制定一个合理的一日作息时间表。D 是喜欢在家赖床的宝贝，当老师在群里分享麻幼"空中课堂"时，D 妈妈严格按照一日作息表执行。而碰上 D 赖床，妈妈实在是头痛；可让妈妈更加头痛的是 D 起床之后不愿意自己穿衣服叠被子。无论妈妈用了什么诱惑都不能促使 D 起床，更是不能让孩子把被子叠好。为了孩子规律作息、养成良好的习惯，妈妈不得不向老师"求救"。老师向 D 妈妈分享了儿歌之法，叫早方法：玩《做馒头》游戏。在孩子全身揉捏，孩子一笑非常开心，要求再玩一次起床，妈妈趁此机会可以将再玩一次的机会留到明天（如果 D 可以守信做到）。当然，自己起床之后也要把小被子叫醒哦。穿衣服和叠被子的时候也可以念念儿歌，让被子也整整齐齐的。以儿歌形式的生活习惯养成不会让孩子觉得起床穿衣服会是压力,而会让孩子得到更多乐趣。(《做馒头》:捏一捏,揉一揉,做了两个小馒头,蚂蚁爬过来咬一口!《穿衣服》:一件衣服四个洞,宝宝钻进大洞洞,脑袋钻出中洞洞,小手伸出小洞洞。)

"空中课堂"语言篇:养就阅读小达人

第一期中就有好的作息规律,因此 D 每天睡前会进行阅读或者识字。每天晚上 D 在爸爸或者妈妈的陪伴下指着字读图书,边读边认字,不知不觉中他就认识很多字了。晚上亲子阅读时间,D 妈妈会故意多拿几本书,然后问他:"今晚我们读几本书呢?"D 说:"3 本(或说 2 本)"。妈妈说:"今晚时间不太多了,我们只能阅读 2 本书哦。"D 不情不愿说就想读 3 本嘛。D 妈妈告诉他:"我们开始吧,只能 2 本,要不然会影响睡觉时间呢。"D 爸爸告诉我,每次他们都会故意给少一些数量,让他总想多读一本而读不到。想通过类似的几次事件,已经慢慢让 D 意识到:阅读书的机会也是需要来争取的。因此每次晚上的亲子阅读时间,D 总是意犹未尽,恋恋不舍……而且幼儿园正巧在第三期课程开始之前继续了"麻幼小达人"第三季的阅读活动。

"空中课堂"社会篇:练就生活小帮厨

疫情特殊时期,和孩子一起坚守居家,除了和孩子一起玩游戏、看书、做运动以外,我们还可以做什么呢? 正值元宵节,可以一起做做汤圆,可以让孩子体会元宵代表的意义。先选择一个远离锋利的刀和热源的工作空间,然后相信孩子穿上围裙开始家庭亲子烹饪,会感到兴奋的。但是,你可以跟孩子约定:当我们系上围裙时,是不允许来回跑动的! 今天 D 就和妈妈一起做汤圆。D 问妈妈:"为什么要一起做饭呢?"妈妈回答说:"一起做饭吃可以让我们更健康啊,一起做饭可以让我们都动起来。"爸爸回答说:"在厨房里一起忙碌可以增进感情哦。"在这一期中,D 成为了爸爸妈妈的小帮手,打鸡蛋、和面、洗菜……第一次做可能还不熟练,给他时间,熟能生巧,会越做越好的。一家人一起做一顿饭,爱就在一粥一饭中蔓延开来。切忌急躁,现在的慢,是为了将来的快。

"空中课堂"益智篇:成就麻幼小天才

"原来小小的扑克牌也那么好玩。"D说道。你们知道吗? 曾经有一位名叫布莱恩·伯格的叔叔,他用扑克牌搭建筑物,还创造了一项吉尼斯纪录。D在搭建过程中扑克牌多次倒塌,然后发脾气不说话,在爸爸的帮助下,D完成了扑克牌搭建。妈妈回忆说记得D过年前剥瓜子,因为半天剥不开,或者咬碎了吃不到时,着急、生气、发脾气……今天问他能不能尝试剥10颗瓜子然后再吃? 发现D不急不躁,掉了也没有闹情绪,很有耐心。同样,扑克牌搭建筑物需要的是耐心和双手动作的精细,而剥瓜子也是一样,新的教育方法对孩子的改变显而易见。

"空中课堂"艺术篇:造就闪亮小能手

孩子们都非常喜欢手工活动,总是能在活动中完成要求做的作品。而D总是对手工兴趣不大,并且在手工活动中表现不是非常出色,不够耐心细心完成一件手工作品。"空中课堂"的手工篇总是不受D的欢迎,但妈妈总想着孩子全面发展,她再一次向老师求助。老师对于这个问题表示也很关注,第一时间找到前辈教师请教如何纠正孩子没有耐心这个较为严重的问题。

老师也第一时间搜索资料,于是有了以下解决办法。请D妈妈在家为孩子讲讲蜻蜓的故事:每到阴雨天,可爱的小蜻蜓便会在空中扑扇着翅膀,提醒大家大雨将至。引起孩子的兴趣,然后告诉孩子我们每个小朋友都要爱护善良可爱的小蜻蜓,然后告诉D如果你想和它一起玩耍,那就来动手做一只属于你的小蜻蜓吧。接下来请D妈妈教D利用不同材料,来制作一种非常可爱的昆虫"小蜻蜓"。第一种:糖纸蜻蜓。准备一张喜欢的糖纸,一根毛线,颜色可以根据自己的喜好。制作步骤:把糖纸对折再对折,画出半个蜻蜓翅膀形状,用剪刀剪下来。把毛线的一头弯出蜻蜓的眼睛。把两片糖纸的蜻蜓翅膀中心用毛线卷起来。如果想绑在笔上可以绕笔几圈缠好。把蜻蜓绕在笔上面,蜻蜓会随着笔轻轻地飞哦。

当第一种手工蜻蜓引起D极大的兴趣之后,妈妈对D提出了要求:要求D自己动手,可以慢慢地完成作品,但是一定要做到细致。如果妈妈觉得蜻蜓不过关可以要求D重新制作之后再教授第二种、第三种……相信D在妈妈和老师的帮助下可以养成耐心细心的好习惯。(另附两种蜻蜓手工方法:(1)塑料勺子蜻蜓。准备材料:塑料汤匙、透明塑料纸、马克笔、一次性塑料勺子、塑料膜、剪刀、彩色油性笔、透明胶带。制作步骤:先在白纸上自己设计一下蜻蜓的翅膀,然后根据翅膀大小在透明塑料纸上剪下。然后用热胶枪固定在塑料汤匙上,最后加上手工眼睛就大功告成啦。(2)夹子蜻蜓。准备材料:竹木夹子、剪刀、水彩笔、冰棍棒、活动眼珠和热熔枪。制作步骤:将两根冰棍棒交叉摆好,用来做蜻蜓的翅膀。用夹子夹在两根冰棍棒的交叉中心点处,这就是蜻蜓的身体。用热熔枪把活动眼珠装在竹木夹子的一端。用水彩笔装饰蜻蜓的翅膀,为夹子蜻蜓添彩!

实施效果:

"空中课堂"内容实在丰富多彩,像D这样获益良多的宝贝许许多多。"空中课堂"未完待续……后来D妈妈告诉我说:"我没想过原来幼儿园的'空中课堂'会有如此精彩的呈现,这是我们没想到的。"我和他爸爸从来不会说孩子"聪明",因为我们更看重孩子是否"静心、专注、沉稳"。老师也这么回应D妈妈:"你是一位智慧的妈妈,懂得童蒙养正的重要性,并耐心训练和等待。另一位老师这么说道:"耐心、静心、专注是一个人最佳的品性,有了这些将一生受用,将来无论是学习还是做事情都能保持耐心和专注,从而取得好成绩。"

是的,"空中课堂"开展不容易,前前后后有许多老师的参与。空中课堂对于每位教师都是一次新的尝试,为了让新事物不陌生,每一位幼儿园教师一直在教学中不断摸索。以"亲子陪伴"为原则的空中课堂让家长和孩子利用疫情的放假时间,通过亲子互动,增进了亲子间的情感交流。对于老师们推出"空中课堂"这一创新举措,他们也是从心底点赞的。甚至不少家长将孩子每日的学习视频发到群里,家长们还自发办起了"空中童谣""空中讲故事比赛",通过线上的方式,相互交流学习。

在此,我们更愿意与孩子面对面地交流,"空中课堂"延续了我们与幼儿之间的友谊与爱。相信,待归来,阳光散发温暖,园内已是满园芬芳,孩子们已是健康聪慧!

第五章 幼儿教师专业伦理发展策略研究

幼儿教师专业伦理发展的策略,可主要从四个方面考虑:提升幼儿教师专业伦理认知、控制幼儿教师专业伦理行为、强化幼儿教师专业伦理积极情感、培养幼儿教师专业伦理意志,这四个方面环环相扣相辅相成,共同促进幼儿教师专业伦理的积极建设。

一、提升幼儿教师专业伦理认知

在研究过程中,多数接受访谈的幼儿教师表示没听过"教师专业伦理"这个概念,围绕"对幼儿教师专业伦理的认识"访谈,20名随机抽取的幼儿教师进行有效的非结构式访谈过程中,统计到共17名教师反映回答没听过"教师专业伦理"这个词,体现出了幼儿教师对专业伦理认识的不足,也反映出了幼儿教师专业伦理建设的紧迫性以及建设的第一步应是面向全体幼儿园教师普及教师专业伦理认知。"苏格拉底虽然把哲学研究对象从探究自然、宇宙的本原转向人——'认识你自己',但他所说'认识你自己',目的是为了获得伦理学的知识,因为在他看来,有智慧有知识的人,才是有德行的人,'美德即知识'。"①加深幼儿教师对专业伦理的认知是发展幼儿教师专业伦理的基础,既可以广泛培训教师专业伦理相关知识的基础,还可以把教师专业伦理内容理解内化为精神意志目标,并能够产生协同促进价值,使幼儿教师专业伦理认知的发展逐渐完整、丰富、深刻。

(一) 增加职前幼儿教师专业伦理培养

王雅茹《幼儿园教师专业伦理的缺失与生成》(2011)指出,"幼儿园教师专业伦理的教育与培训应贯穿于教师职业生涯的始终。教师的专业伦理培训是专业伦理素质持续发展的内在动力。"②就当前学前教育专业课程的设置而言,主要体现在幼儿教师专业知识与幼儿教师专业技能方面,对幼儿教师德行的培养课程很少。职前阶段的学习在专业伦理规范中起着基础性作用,能够提升幼儿师范生专业伦理认知,加强幼儿师范生伦理的教育。因为只有在具备专业伦理认知、情感的基础上,幼儿师范生在进入实习教学中,才能对自身的伦理责任与义务有更为深切的感受,进而强化自身的职业使命感和责任感,而行为的不断强化、自身专业素养的不断提升都能够更加坚定幼儿教师的伦理意志。对于实践性课程,应该"构建系统化实习模式,强化在教师专业理论与教育实践融合中养成师范生的教师专业伦理。……要改革当前不系统、走形式、无实效的实习模式,构建见习、试习、实习、研习一体化的动态实习模式。这一模式中的每一个环节均是下一个环节的基础和前提,下一个环节又都是建立在上一个环节基础之上的"。③ 而且在研究者所观察到的伦理问题事件中,年轻幼

---

① 杨寿堪：实体主义和现象主义,《中国人民大学学报》,2001(5)：67—72。

② 王雅茹：幼儿园教师专业伦理的缺失与生成,杭州：浙江师范大学硕士学位论文,2011：20。

③ 刘义兵：论师范生的教师专业伦理建构与培养,《西南大学学报(社会科学版)》,2012(9)：48—55。

儿教师在师幼互动中违背幼儿教师专业伦理的行为并不少,可见理论知识再丰富、技巧再高超,没有遵守幼儿教师专业伦理,在师幼互动中言行失范的幼儿教师不在少数。专业能力不代表专业伦理水平,这样的幼儿教师也是一个不合格的幼儿教师。所以,在学习学前教育专业相关课程的时候,我们就更需要在教师教育课程中加入专业伦理分析的内容,同时学习幼儿教师专业伦理的课程并在相关实践课程中加深实践转化。

(二) 强化职后幼儿教师专业伦理培训

尽管职前培养可以直接解决幼儿教师对专业伦理的认知问题,但却不能很好地解决幼儿教师专业伦理的实践行为、情感态度、意志锻炼等问题。"教师的专业伦理培训是专业伦理素质持续发展的内在动力。"①除了对师范生职前的培养,更要对在岗幼儿教师进行职后的培训。加强幼儿教师专业伦理的职后教育与培训,以此来提升幼儿教师专业伦理认知,这同样也是让幼儿教师增强专业认同感、克服职业倦怠感的途径之一。

当然,由于在岗幼儿教师在实践教育中获得了许多经验,专业伦理的培训方法就需要与职前专业伦理的培养有所不同。在不影响在岗幼儿教师教育活动的情况下,除了需要紧密结合在岗幼儿教师的工作实际,还要将幼儿教师的工作经验与其实际需要相结合后进行适宜的培训。幼儿教师的培训旨在将幼儿教师专业伦理认知情感化、行为化、意志化,帮助幼儿教师调节过重的情绪负担,满足自身需要,增加其职业认同感,减轻或消除职业倦怠感,形成积极的专业伦理情感,培育专业伦理精神。幼儿教师专业伦理的教育与培训应贯彻在幼儿教师职业生涯的始终。并且,需要在专业伦理的培训中结合幼儿教师的专业特质,了解专业伦

---

① 王雅茹:幼儿园教师专业伦理的缺失与生成,杭州:浙江师范大学硕士学位论文,2011:15。

理的精神、主要内涵、细则规范、评估督促等内容；还要在培训中以专业工作中尤其是师幼互动中的突发情境带来的伦理问题作为讲解案例，将专业伦理知识、教育教学实践经验理论与幼儿教师工作实践相结合，开展针对幼儿教师在工作中发生的伦理问题进行专门化、灵活性、针对性、操作性的指导，进行适当的、合理的专业伦理分析与判断，共同探讨适宜的解决策略。

在研究过程中发现，研究对象中的一所幼儿园，幼儿园常规活动中有对年轻的幼儿教师进行定期一个月两次的社团活动，让年轻教师进行公开授课，社团组长组织幼儿教师们观摩，然后对公开课进行研讨，集思广益，对幼儿教师活动点评让活动获得各方面的提升。其次每周会有年级研讨、全园研讨的培训活动，培训内容涉及幼儿教师如何照顾幼儿生活、如何做一名专业幼儿教师等，不仅让幼儿教师们增强自身教育能力，同时也丰富幼儿教师专业伦理认知。

在实践职前职后培训时，相关职前职后的幼儿教师专业伦理培训可以分三步进行：第一步，学前教育专业在必修课上增加幼儿教师专业伦理的相关课程；第二步，新手幼儿教师要增加职前专业伦理方面的相关培训，特别应注意专业伦理实践行为的规范与实践案例探讨的相关内容；第三步，加强幼儿教师专业伦理的职后持续性培训，树立幼儿教育信念、激发幼儿教师自我实现在专业发展中得到动力，从而坚定幼儿教师专业伦理意志。所以，应该重视幼儿园教师专业伦理职前职后伦理专业化建设的一体化，帮助幼儿教师加深理解、逐步内化，成就专业的理想和信念，自然会促进幼儿教师专业伦理的高度发展。

（三）提升幼儿教师专业伦理的敏感性

对于教师伦理敏感性的研究。国外学者 Campbell E. 在 *Moral and Ethical Exchanges in Classromms* 中认为对于伦理敏感性的研究，可以结合不同的职业背景进行。所以伦理敏感性的研究都带有强烈的职业色彩,体现了一定的领域特殊性。① 而高红梅在《幼儿园教师关怀敏感性研究》(2016)中提到了幼儿园教师的专业伦理敏感性,是幼儿园教师对幼儿园一日生活中伦理成分的察觉和识别能力,是幼儿园教师专业伦理行为产生的心理逻辑起点。② 在沈璿的《师道与师德合一》中强调,具有伦理敏感性的教师能够清楚意识到自己的行为中的伦理要素,并且能敏捷地意识到伦理价值如何在日常实践的细微之处得以表达。③ 正如研究者所说:从教师伦理决定的历程观念而言,觉察情境讯息的敏感度对于行为意向是最关键性的指标,远甚于伦理判断的影响力,突显敏感性可能引发认知自动化的历程,教师对于熟悉情境中的伦理决定可能主要取决于激发解释基模的环境讯息,就会自动化地引发决定的意向,而不必然是秉持一贯的推理原则审慎而理性的推理出合宜的决定。④ 在幼儿园中,如果幼儿教师的伦理敏感性低,就会使其在对待幼儿时的言行具有很大的随意性,也意识不到自己的行为是否违反了幼儿教师专业伦理。

(四) 建设有利于幼儿教师专业伦理发展的社会文化支持系统

刘义兵(2012)指出:"构建一个教师专业伦理职前职后一体化建设的社会文化支持系统是当下解决教师专业伦理缺失,保障教育质量的根本举措,具有关乎民族、国家未来的重要意义。"⑤当

---

① 高红梅:幼儿园教师关怀敏感性研究,重庆:西南大学硕士学位论文,2016:97。

② 高红梅:幼儿园教师关怀敏感性研究,重庆:西南大学硕士学位论文,2016。

③ 沈璿:师道与师德合一:构建教师专业伦理制度的理性探索,西安:陕西师范大学硕士学位论文,2012:102—104。

④ 高红梅:幼儿园教师关怀敏感性研究,重庆:西南大学硕士学位论文,2016:79。

⑤ 刘义兵:论师范生的教师专业伦理建构与培养,《西南大学学报(社会科学版)》,2012(9):48—55。

前幼儿教师专业伦理的缺失更加需要社会文化对其的引领和发展。通过社会文化对教育的价值取向产生影响,进而建立幼儿教师一致认可的核心伦理价值观念系统。所以,肃清社会不良思想风气,弘扬社会正气,引导全社会人们思想健康持续发展,同时加强对幼儿教师思想教育力度,帮助幼儿教师用主动开放的态度坚定自觉、合作、发展的信念,摆脱享乐主义、利己主义等不良思想的禁锢,以社会积极文化价值观引导促进幼儿教师自身专业素养水平的提升,为幼儿教师专业伦理的发展提供广阔的社会文化背景和基础。

(五)强化幼儿教师职业角色,提升专业伦理认知水平

幼儿教师对专业伦理的认知其实是一个比较宽泛的概念,指向幼儿教师的心理世界,即他们的信念、价值观、人生观、世界观、儿童观、教育观等的影响。2018年11月8日,国家教育部颁布《新时代教师职业行为十项准则》(以下简称《准则》)。准则,是指人们言行所依据的原则。万事之行,凭准仪准为先、标准恒准为要。从《准则》中我们可以知晓对幼儿教师专业伦理的认知。《准则》是新时代幼儿教师队伍建设改革的重要任务与实践基准,是幼儿教师职业行为的基本规范与刚性要求,也是检验与评价新时代幼儿教师队伍整体素质、思想道德、精神风貌、专业素养乃至整体形象的第一标准。研读《准则》第四至第七则条款,幼儿教师教育导向表述为"潜心培幼育人""加强安全防范""关心爱护幼儿""遵循幼教规律"。领悟上述四则条款的内涵,是师德实践知行合一的倡导,是育人行动的正面引领。《准则》很好地向我们诠释了对幼儿教师专业伦理的认知,当我们内心正确地认识到自己对学前教育事业、同事、幼儿以及自身的认知,那么我们将在幼儿教育之路上越行越好!

幼儿教师首先要找准自己的定位,需要正确定位自己"幼儿教师"这一角色。作为一名幼儿教师和其他阶段的教师还是有区别的,幼儿教师既要保又要育。我们肩负着培养祖国下一代的使命,力争使每一个幼儿身心健康快乐成长,不仅要为幼儿创建良好的物质环境以满足幼儿生理需求,还要在创建物质环境的同时重视精神环境的创建,以满足幼儿的心理需求,促进幼儿身心健康和谐发展。作为幼儿教师,我们必须懂得,每一个孩子都有做好孩子的愿望,同样渴望得到幼儿教师的关爱、理解与尊重。我们所做的每一项工作,应努力让幼儿真切地感受到我们对他们的关注、理解、赞赏和支持。

二、强化幼儿教师专业伦理积极情感

幼儿教师专业伦理规范的内化一方面体现在幼儿教师专业伦理的需要,另一方面体现在专业伦理的情感需要。刘义兵(2012)认为师范生的实习过程十分重要:"唯有在真实的教育教学情境中,教师真实地与师范生'面对面'地交往、沟通、达到心灵的碰撞、交融,并逐渐融入其对教育事业和学生无比的热爱、自发地投入真挚的情感这一过程中慢慢孕育而成。"[①]在职后,王小溪(2011)认为在幼儿教师专业伦理规范的内化过程中首先要确立幼儿教师的主体地位,充分发挥其主体性作用,使其自觉形成自律能力,激发幼儿教师专业伦理需求。[②] 不过,很少有研究考虑到幼儿教师的自身需要达到怎样的程度或是怎样的一个水平点才是其专业伦理的实践前提。其实幼儿教师本人的情感充实不仅是实践的结果,也是实践的前提。幼儿教师专业伦理情感的发展,首先是幼儿教师职业情感的培养,其次幼儿教师幸福、教师公

① 刘义兵:论师范生的教师专业伦理建构与培养,《西南大学学报(社会科学版)》,2012(9):48—55。

② 王小溪:幼儿园教师专业伦理研究,长春:东北师范大学博士学位论文,2013:94。

正和教师关怀是幼儿教师专业伦理情感发展的坚实基础。这主要源于幸福、公正和关怀与幼儿教师专业工作情感、工作愿望和工作质量的密切关联。

（一）幼儿教师职业情感发展是专业伦理情感发展的基础

幼儿教师专业伦理情感与幼儿教师职业情感紧密相关，职业情感能促进幼儿教师专业伦理情感的发展。幼儿教师职业情感是幼儿教师在从事教育工作的过程中产生并带来的稳定性的情绪体验。幼儿教师的职业情感是从事幼儿教师职业的核心，幼儿教师职业情感与教育工作有着密不可分的联系和重要支配作用，它不仅是幼儿教师素质和幼儿教师职业道德的重要内容之一，也是一种重要的幼儿教育因素。幼儿教师的职业情感包括两个方面的内涵：对教育事业的热爱和对幼儿的热爱。

如何培养教师对幼儿教育事业的热爱呢？教书育人工作既是一份职业，又是一种事业，也是一生执着地为之献身的目标和追求目标的活动。人民教师的职业是无上光荣的，作为人民教师应该热爱自己的职业，准确来说应该是热爱社会主义教育事业，具有高度政治责任感和强烈事业心的人，应把自己毕生精力奉献给人民的教育事业，这是人民教师职业道德的最高原则。那么，幼儿教师忠诚和献身于人民教育事业的这种态度应主要体现在哪几个方面呢？首先，要树立甘为"人梯"、无私奉献的敬业精神，敬业精神是全身心投入幼儿教育事业的前提；其次，要追求以育人为本、塑造美好心灵的职业理想，职业理想是幼儿教育事业的不竭动力源泉；第三，要培养不求功利、对祖国和社会未来发展高度负责的责任意识，责任意识是更好完成事业追求的有力保障。所以说，幼儿教师对幼儿教育事业的热爱是幼儿教师专业伦理情感不可或缺的一部分。

如何培养幼儿教师对幼儿的热爱呢？幼儿教师教育的对象都是3—6岁的孩子，他们像刚出土的嫩苗，需要"园丁"的呵护和培养,这时就需要幼儿教师用爱去滋润、熏陶。学前教育期是幼儿发展的重要时期,幼儿教师是幼儿的指导者、引路者,在这一时期的幼儿教师将对幼儿今后的发展有着重大影响。在工作中,我体会到幼儿教师的爱会使孩子产生积极、自豪的情绪,尤其是对那些胆小、表现不出众的孩子,幼儿教师更应该倾注大量的爱,用爱去温暖和引导孩子。用温暖的话语来播种、用勤劳而细心的引导来浇灌、用心血来滋润。让孩子看到一个色彩斑斓的新世界,我们要捧出一颗火热的心去热爱孩子,熟悉、了解、理解、关心他们,想孩子所想,愿孩子所愿,真正与他们交朋友,使他们感到真诚和依赖。作为一名幼儿教师更需要多一份理解和尊重的爱,这种爱要能够把每一个孩子爱到心坎里:当孩子有错时,鼓励孩子,多给他们一次机会,孩子就学会了宽容;当孩子成功时,赞许他们,送给他们一片掌声,孩子就体验到了喜悦。

(二)促进幼儿教师幸福生活是实现专业伦理情感发展的前提

在 Tang Keow Ngang 和 Tan Chan Chan 的 *The Importance of Ethics*, *Moraland Professional Skills of Novice Teachers* 中指出"幸福便是人的目的性需求自由实现的一种主体生存状态。"[①]人的目的性怎样才能自由实现呢? 首先就需要客观的物质条件。幸福的境界各异,幸福实现的客观物质等各种条件也有所不同。譬如,生活意义上的幼儿教师幸福,需要的客观条件最主要的是满足生活所需的工资待遇等等。所以如果追求生活意义上幸福的幼儿教师需要没得到满足之前,是不幸福的,更不会产生幼儿教师职业幸福感。同样的,职业意义上的幼儿教师幸福的实现则更依赖幼儿教师职业生活中客观条件的改善,譬如民主平

---

① Tang Keow Ngang、Tan Chan Chan. *The Importance of Ethics*, *Moral and Professional Skills of Novice Teachers* [J]. Elsevier Ltd. , 2015:8-12.

等的制度、优美宽松的工作环境、良好的工作人际关系,广阔的工作前景等等。另一方面,幸福虽然是建立在一定的客观条件之上,但归根结底却是一种主体生存状态。如果没有一种正确的幸福观,没有积极健康的生活态度,没有获得幸福的能力,即便是具备客观条件,也无法感受到幸福。所以,客观的物质条件,并非是幼儿教师幸福的充要条件。决定幼儿教师幸福的关键更为根本的还是要看幼儿教师获得幸福的主观能力。[①] 赵汀阳说:"幸福原则表明的是一个人怎样做一个人,而公正原则表明一个人怎样对待一个人。"对于幼儿教师而言,幼儿教师幸福阐释的是幼儿教师在其专业状态下如何做一个称职的幼儿教师,即处理的是我与我、我与职业的关系。

(三) 实现幼儿教师公正是丰富专业伦理情感发展的重要条件

幼儿教师公正既有幼儿园制度和领导对教师的公正,也有幼儿教师在专业状态下如何公平正义地对待每一个幼儿、对待同事等等,即处理的是我与他人即幼儿、同事、家长、领导的关系,其核心是幼儿教师对幼儿的公正。在某种程度上,幼儿教师公正受社会公正、制度公正、个人素养、个人经历、环境等的影响。罗尔斯指出"正义是社会制度的首要价值,正像真理是思想体系的首要价值一样"。一个合理公正的制度比制度中有道德的人更重要,制度对人发挥着重塑造和教育的功能。因此,社会和幼儿园制度公正是激发幼儿教师专业伦理情感的保障,对幼儿教师公正也能够产生维护和激励作用。实际生活中较低的社会公正与制度公正水平、幼儿教师所受到的公正水平低等,都对幼儿教师公正本身带来难以估量的负面影响,常常还会形成恶性循环。幼儿园是

---

① 陈思坤:诺丁斯关怀伦理思想的人本价值,《教育学术月刊》,2010(4):19—20。

一个相对独立的小社会,幼儿园制度清明、领导执管公平公正,对幼儿教师公正有很好的导向作用,反之则会大大降低幼儿教师公正的水平。风清气正的社会、有希望的职业前景、规范的幼儿园制度和管理,都有助于幼儿教师公正的发展和水平的提高。反之,社会风气不正、黑白颠倒、唯利是图,就容易消解幼儿教师公正在教育教学中所产生的积极作用,甚至使幼儿教师公正难以实现。从幼儿教师自身而言,自身素养低、社会不公正、幼儿园制度和管理不公正,幼儿教师在其专业发展和专业生活中就易受到不公正的待遇,很难想象遭受不公正待遇的幼儿教师能够公正地对待幼儿。

(四) 实现幼儿教师关怀是推动专业伦理情感发展的必要条件

关怀是公正的前提和补充。对于幼儿教师而言,幼儿教师关怀是对幼儿教师形式公正的补充。Campbell E. 在 *Moral and Ethical Exchanges in Classromms* 中强调"没有对幼儿的真正关怀,公正就可能是刻板的公正"。[①] 同时,幼儿教师关怀是幼儿教师实质公正的基础。没有对幼儿的真正关怀,就不能了解每个幼儿的特点和需要。不充分了解幼儿,便不能提供幼儿所需要的教育。无法因材施教,幼儿教师的实质公正就无从谈起。[②] 幼儿教师从事的是一个高尚的职业,工作繁琐、责任重大,幼儿教师更多地是本着爱幼儿的心奉献着自己的光和热。所以在对幼儿教师提出各种专业伦理行为方式的规范时,也应该给予幼儿教师更多的外部伦理关怀,包括来自幼儿家长、幼儿园管理者和社会媒体等的关怀。幼儿家长首先必须尊重幼儿教师,肯定幼儿教师的工

---

① Campbell E.. *Moral and Ethical Exchanges in Classromms* [J]. Paper Present at the Annual Meeting of the American Educational Research Association, New Orleans, 2000(April): 28。

② 王小溪:幼儿园教师专业伦理研究,东北师范大学博士学位论文,2013: 8。

作,肯定幼儿教师的劳动,并积极地去理解和体谅幼儿教师,主动配合幼儿教师的教育工作,主动关心幼儿教师。来自幼儿家长的伦理关怀能够让幼儿教师感到职业幸福,并促进专业伦理水平的发展。幼儿园管理者更应该规范幼儿园管理,公正、公平地关怀幼儿教师,切实关切并保障幼儿教师的主体地位和权利,为幼儿教师创造更多的有利于幼儿教师发展自身专业伦理的机会,促使他们自我价值的实现,建设和谐的适宜的幼儿园环境,为幼儿教师专业伦理发展创造良好条件。邓亚玲、阳泽(2015)还提出社会媒体要规范自身对幼儿教师的舆论报道,实事求是地进行报道,关怀幼儿教师的精神成长,给幼儿教师的发展创造良好的社会舆论环境,更多地体现幼儿教师的积极状态,不能一味地放大和揭露小部分幼儿教师的不良行为。[1] 这样,才能为幼儿教师专业伦理发展树立好榜样,营造包容、理解的幼儿教师社会服务环境,帮助幼儿教师更好地调整自己的专业行为,为幼儿服务、为社会服务。

幼儿教师需要的幸福、公正、关怀是相互依存、相互促进的,公正和关怀是幸福的组成要素之一,幸福是公正和关怀的具体体现。幼儿教师需求的满足能够造就幸福的幼儿教师,幼儿教师的幸福又会促使幼儿教师对职业和专业的满意,形成对职业和专业的积极性情感,克服职业倦怠,发展积极专业伦理情感。当然,在激发幼儿教师专业伦理需要的过程中,重要的还是增强幼儿教师专业伦理情感,从情感上打动教师的心,与合理的专业伦理理性相契合,这样可以约束幼儿教师伦理行为,还能成为其积极的内在伦理追求,最终实现幼儿教师专业伦理规范内化的目的。

(五)克服职业倦怠,发展积极的教师专业伦理情感

当今社会,工作压力、生活压力十分大,工作与生活节奏也很

---

[1] 邓亚玲、阳泽：论幼儿教师专业伦理的重塑,《教育探索》,2015(8)：24—27。

快。幼儿教师是职业风险很大的行业，幼儿教师所承担的压力也是十分大的。幼儿教师待遇差、家长的不信任、幼儿教师社会地位不高、工作责任大、生活压力大等原因，使得幼儿教师特别容易产生职业倦怠感。同时，幼儿教师流动性大，师资来源五花八门，在工作过程中，工作矛盾容易产生并容易激化，为幼儿园工作造成了负担和不好的影响，更对幼儿的教育产生了负面影响，这又会加剧幼儿教师的流动性，形成恶性循环，必然会对幼儿教师专业化发展带来挫折，更别说增强幼儿教师专业伦理情感了，甚至还会影响到幼儿教育这一行业发展的前景。

王雅茹(2011)提出"幼儿教师克服职业倦怠的方式是合理自我定位，提高自身能力、心理支持系统，排遣消极情绪。"①这些措施有一定的积极作用，也都能够保证幼儿教师对自身专业积极情感的激发。所以，首先帮助幼儿教师建立对自己发展的信心，充分认识自身职业的特殊性与实践难度，进行正确的自我定位，在与幼儿、家长、同事、领导交往的过程中遵守专业规范的要求，并积极发展专业能力提高专业水平，这样幼儿教师在工作过程中能够更加得心应手，得到大家的专业认同，自己也会有一个幸福的职业生涯，成就自信的职业和事业人生。其次，学会调节自我的情绪与行为，即及时排除自己的负面情绪，也要控制自己的负面行为，多与人交流、与人分享，能够让幼儿、家长、同事、领导更好地理解自己，支持自己的工作，并真正地尊重自己。

三、控制幼儿教师专业伦理行为

幼儿教师专业伦理认知如何直接反映在幼儿教师的言行之

---

① 王雅茹：幼儿园教师专业伦理的缺失与生成，杭州：浙江师范大学硕士学位论文，2011：16。

上？幼儿教师属于幼儿园中的职员，她们的所作所为并不是可以遮遮掩掩毫无表现的，在幼儿园的小天地中，相互的行为都是比较能够清楚了解到的。同时，无论是家长或者是幼儿园中的其他教职员工，可以观察到幼儿从身体或者情绪各个方面的表现情况，这与幼儿教师的行为紧密相关。因此建设幼儿教师专业伦理不仅仅是为了幼儿教师，更是为了幼儿。最根本的做法是应该将幼儿教师专业伦理的行为规范进行普及学习，并加强相互督促。真正使关怀爱护幼儿的行为和正面引导行为成为深入幼儿教师意识和本能的一部分，让实施专业伦理行为成为幼儿教师的天职。幼儿园还应该建立相应的管理机制，及时发现言行不当的幼儿教师并进行说服、劝阻、惩罚等，或者加强幼儿教师之间互相监督，而不是等事情闹到人尽皆知的时候才挺身而出又道歉、忏悔、卸任，因为言行失范的幼儿教师会给幼儿的身心留下不可磨灭的伤害，更是不可逆的。如在研究对象的一所幼儿园，这所幼儿园园长会不定时突击检查各个班级，可能只是一眼瞟过，但会为这位幼儿教师的一言一行敲响警钟，时刻提醒幼儿教师注意自己的行为举止。除此之外，幼儿园还在教室内、午睡间内安装摄像头，保证幼儿教师行为规范的同时也帮助解决了家长对幼儿教师行为的质疑问题。但是同时这些措施需要一定的"度"，如果影响幼儿教师自由执教，那便成了"监视"和"束缚"，反而会破坏幼儿教师专业伦理的积极建设。

在访谈过程中，值得注意的是，其中 22 名（2 名无效）受访谈的幼儿教师中有 18 名幼儿教师提到了"家长"的相关问题。幼儿园与家长本应站在同一阵营，以共同引导幼儿身心和谐健康发展作为核心目标。可是为什么幼儿教师们普遍反映幼儿教师与家长之间的关系难以处理呢？在幼儿教师视角下解释这个问题，发现家长担心的是家长对孩子在幼儿园中是否得到关爱是不确定的；孩子一受到磕磕碰碰他们就会怀疑是不是幼儿教师的疏忽导致的,或者说是不是幼儿教师直接导致的;家长的解决态度也鲜有选择理解幼儿教师的,更多地是质疑和责难。家长和幼儿教师不该是矛盾的双方,但因为少数无视幼儿教师专业伦理的幼儿教师对幼儿产生的伤害影响着家长乃至社会对幼儿教师这一行的信任,这一现象体现了建设幼儿教师专业伦理行为的重要性和紧迫性。规范幼儿教师专业伦理行为能让家长更放心幼儿在幼儿园中的生活。

幼儿教师专业伦理行为的规范与专业伦理认知、专业伦理情感、专业伦理意志有紧密联系。专业伦理认知的提升有利于增强行为、积极情感、培养意志,同时这三者的积极发展也积极促进了幼儿教师专业伦理行为的规范与发展。如在表 2-5 中幼儿教师对待特殊幼儿将其安排在角落,不让其参与活动。这就体现了缺乏专业伦理认知,导致专业伦理行为不符合专业规范的要求。因此专业伦理行为的规范化建设不能仅仅依靠幼儿教师在专业伦理认知上的提升,还需要与强化专业伦理积极情感培养、培养和锻炼专业伦理意志相结合,共同进步发展,为幼儿教师专业伦理建设奠定基础。

(一) 丰富幼儿教师的师幼互动适宜性策略强化伦理行为

幼儿教师的专业素养直接影响到师幼互动的水准,并影响保教活动的质量。① 幼儿教师专业伦理的内化要求幼儿教师在了解专业伦理知识的基础上,通过个体的学习和实践,逐步理解、接纳、适应幼儿教师专业伦理的要求,最终在幼儿教师专业伦理的建设过程中实现行为的规范化。所以幼儿教师自身的努力与学习是最为关键与重要的一步是处理师幼互动中的伦理问题,幼儿教师首先要习得处理伦理问题的适宜性策略,尤其是师幼互动中

----

① 张晓君:师幼互动中的伦理问题研究,杭州:浙江师范大学学前教育学硕士,2015:4。

的适宜性策略。有些幼儿教师知道自己对幼儿的行为是不合适的,但苦于不知道合适的互动策略且暴力性的言行在一时之间收效明显,日积月累下就会习以为常。

案例

时间:2018 年 9 月 17 日午睡前　　地点:大班午睡室

午睡时间快到了,教师安排幼儿盥洗,准备午睡。这时,M 与 Y 打闹,结果发生了争执。教师听到了他们吵架的声音,把他们叫过来,问怎么回事。M:"刚才 Y 打我。"Y:"M 他推了我一下。"教师:"谁先动的手?"M:"Y 先打我的。"Y:"我就轻轻地打了他一下,他用力地推我,还打我。"教师:"你们都不认为自己有错,我就先请你们到外面商量一下,这件事情该怎么办,商量好了再进来。"他们两人就到外面去商量。过了会儿,教师问他们:"你们商量好了吗? 这件事该怎么办?"两人点点头,Y 对 M 说,"对不起,我不该打你的。"M 也道歉,"对不起。"教师说:"你们两个人都有错,Y 你不该打小朋友,老师知道你是想和 M 玩,所以轻轻地打了一下,但是 M 又不知道你是要和他玩,所以你们两个人就要吵架了,而且小朋友一起玩也不可以动手,很容易受伤的。M 你也不对,Y 有不对的地方,但是你也不能直接就推她,可能她是不小心打到你的,你连问都没问就动手了,这样也不好。好了,现在你们都知道自己有不对的地方,还承认了错误,去睡觉吧。"

幼儿园一日生活中,师幼互动的次数与频率非常高,所以如何在教育情境中做出正确的行为反应,就需要幼儿教师的经验、素养和智慧。幼儿教师一方面可以观察其他优秀的幼儿教师是如何应对与处理师幼互动中极易出现问题事件的处理办法,采取记录案例的形式记录下来,逐步积累与分析,提升自身的伦理分析、判断能力,并尝试运用到自己处理类似案例的过程中;另一方面可以进行每日工作的反思,记录自己在幼儿园一日生活中遇到的伦理问题,记录自己采取的措施,分析是否合适,是否还有更合适的方式,学习适宜性的幼儿教师应答与行为表现策略。此外还可以通过询问优秀幼儿教师、幼儿教师之间的研讨、阅读相关书籍等方式提升自己在幼儿园实践过程中应答和行为表现的适宜性策略。

(二) 关注幼儿教师自身处理人际关系策略强化伦理行为

在研究者所探究的影响师幼互动伦理问题的因素中,与同事的关系也是一个重要因素。虽然有些幼儿教师也会意识到搭班幼儿教师某些对待幼儿的言行不合适,但是也不会出面制止,怕影响同事间友好的关系,对同事不适宜行为的处理也通常选择事后问询或置之不理的方式。

访谈 1

研究者:如果遇到同事用不符合伦理行为的方式对待幼儿,您会怎么办?

T1:可以在事后坐下来好好交流沟通,遇事先冷静,沟通一下是否有更好的方法处理。

T2:可以让教师先冷静下来,换位思考,看看自己有什么更好的处理办法。

T3:如果她的情绪十分激动,我会让她先离开一下,我来处理,让她先冷静冷静,毕竟这个时候也处理不好。等会找个空可以问一下怎么了,是不是有什么事情影响⋯⋯

大部分教师给研究者的答案可以归纳为:“第一步,如果同事情绪异常生气,我会将她先劝离,让她冷静一下,由我来处理这个事情;如果不严重,我也不会当面指出,要考虑到该幼儿教师的心情。第二步,事后或者冷静下来后,我会跟老师谈谈之前发生的事情,心平气和地聊聊是不是发生了什么事。”研究者认为当面直接指出同事行为的问题或者不闻不问都是不恰当的,但是可以采取更加委婉的方式,比如说请该幼儿教师冷静一下,避开一段时间,由自己来处理问题。既避免幼儿受到同事不合适的训斥,又能让犯错误的幼儿认识到自己的问题。幼儿教师要学习并尝试运用说话的技巧、语言的艺术以及与人交往的技能技巧。既要体现对同事的尊重与理解，又要保护幼儿，促进其全面发展。

（三）制定幼儿教师注册和准入制度，督促幼儿教师规范专业伦理行为

冯婉祯（2014）认为应建立幼儿教师伦理的注册、准入制度，就是在幼儿教师入职前对幼儿教师的专业理论知识和专业伦理素养进行考察，反映幼儿教师的价值观和伦理以及面对伦理困境时的处置方式，从制度上对幼儿教师进行筛选，全面深入地考察准幼儿教师的专业伦理表现，[①]这样，可以保障幼儿教师专业伦理水平的底线。基于我国的现实情况，该制度可以在借鉴反思他国或地区成功经验和弊端的基础上，结合我国国情进行发展和完善，从而有效约束幼儿教师的专业行为。如我国幼儿教师队伍十分庞大，缺口也十分庞大，所以应体现在把好入口关和做好幼儿园管理应同等重要，制度规范和运行机制建立同等重要等方面。

（四）学习相关规章制度规范专业伦理行为

幼儿教师专业伦理行为是幼儿园中常见的行为，应予以足够的重视。所以，有必要对幼儿教师专业伦理行为的常态和对幼儿的影响进行研究，规范幼儿教师行为，为幼儿营造良好的发展环境。《准则》中同时也提到幼儿教师应以信念、价值观引导行为规范。《准则》很好地帮我们总结了如何规范幼儿教师的行为，用以下词进行概括：以身作则，严于律己；以身立教，为人师表。那么如何营造良好的环境氛围呢？这里离不开幼儿教师的自身努力和精心营造：

①　冯婉祯：从"虐童事件"看幼儿园教师专业伦理建设的重要性，《河北师范大学学报（教育科学版）》，2014 第 1 期。

1. 建立幼儿教师与幼儿的平等关系

《幼儿园教育指导纲要(试行)》中指出:教师应是孩子的支持者、引导者、合作者。瑞吉欧幼教课程体系的理念也告诉我们要做幼儿的观察者、材料的提供者和研究者。这些理念无不表明幼儿教师和幼儿之间应是平等的关系,也进一步指出我们应以怎样的态度、言行去影响孩子,怎样和孩子交往。

2. 建立幼儿与幼儿的关爱关系

引导幼儿学会相互交流自己的思想、感情;建立同伴间相互关心、友爱的气氛。引导幼儿学习与人相处的语言、行为规范,帮助调节和发展幼儿稳定的情绪,保持心情愉快,有利于幼儿积极行为的增强。

3. 建立同伴间相互关心、友爱的气氛

幼儿教师之间的人际交往对幼儿的社会性培养具有多重的影响。幼儿教师之间是互相帮助、共同进步,还是互相拆台、勾心斗角,都对营造良好的环境氛围有着完全不一样的作用。幼儿教师之间的交往会对幼儿同伴交往和社会性行为起到榜样作用,同时也涉及班级、幼儿园能否具有良好的环境氛围,所以幼儿教师在这方面也必须引起重视,幼儿教师公平、公正、平等地对待幼儿,灌输大家友爱的思想意识都是可以起到很好的营造友爱环境氛围的作用。

4. 建立与领导和同事互相理解的关系

理解是互相的,领导对待幼儿教师正确的态度应该是关心关爱、一视同仁对待每一位幼儿教师;幼儿教师对待领导也应该诚实守信、恪尽职守,这样才能建立和维持彼此良好的关系。

5. 建立家长与幼儿教师的信任关系

家园合作共育是幼儿教育非常理想的策略,所以双方应该努力建构起合作的桥梁。幼儿教师和幼儿家长要为了培育好幼儿这一共同目的保证教育理念的一致;幼儿教师要随时随地与家长进行交流,家长也要积极与幼儿教师交流,做到互体互谅、积极沟通、相互包容才能达到共育的目的。

总之,创建一个温馨、和谐、良好的环境氛围需要大家的共同努力,排除大大小小、方方面面各种消极、不利因素的影响。强化积极、有利因素的影响作用,不断提升行为品质。所以,我们作为一名幼教工作者一定要了解各种情况,变不利为有利,变消极为积极,让各种因素相互促进,规范专业伦理行为,为创建良好的环境氛围而共同努力!

四、培养幼儿教师专业伦理意志

幼儿教师专业伦理意志并不是独立存在的,现实实践中它与幼儿教师专业伦理认知、专业伦理行为、专业伦理情感相辅相成、相互促进、相互交融、不可分割。幼儿教师专业伦理意志指引幼儿教师在有专业伦理意识的前提下能够自觉遵守幼儿教师专业伦理法则、原则、规则与规范,确定教育目的、适宜的方式方法,进而实施符合专业伦理行为的行动,幼儿教师专业伦理意志与幼儿教师的个性心理品质、幼儿教育信仰、人生观、价值观、世界观、儿童观、教育观有着十分直接的紧密关系。

(一) 建设合理的幼儿园管理组织制度,为专业伦理意志发展提供条件

幼儿教师在处理保育与教育活动中出现的问题时,主要的两难就是尊重幼儿的合法权益还是迎合幼儿园制定的管理组织制度。由于有些幼儿园在制定相关管理制度的时候首先考虑的是幼儿园自身的管理是否便利,这使得在一定程度上会损害幼儿的个人利益。所以幼儿园要适当地"放权",给予更多的自由给幼儿教师,让幼儿教师可以根据幼儿身心发展的特点与个体差异较为灵活地组织活动、安排一日生活的一些环节。这就体现了合理、

科学的幼儿园管理组织制度建设的必要性与重要性。

（二）学习相关行为规范，锻炼专业伦理意志

王小溪（2011）认为："幼儿园师幼伦理是幼儿园教师为了履行教师职责，满足社会需要，维护专业声誉而在幼儿园一日生活中幼儿应该遵循的基本规范和行为准则，它用以规范和约束幼儿园教师在执行相关专业活动时的行为。"①而幼儿教师专业伦理规范的制定正是为了幼儿教师在幼儿教育工作中有可以遵循的伦理价值、原则、准则、行为规范、处罚条例等，更好地满足幼儿教师发展的需要。

教育部颁布的《幼儿园教师专业标准（试行）》《准则》明确了幼儿教师专业发展的基本准则，承认了教师的专业地位，也规范了幼儿教师的工作内容。但是现用于幼儿教师实践行为、专业品行领域的文件对幼儿教师专业伦理、伦理问题的指导与帮助收效甚微，无法给幼儿教师在专业实践中提供切实可行的指导，所以专业伦理规范的制定显得尤为重要。

访谈 2

研究者：您认为幼儿专业伦理在建设的时候应该包含什么？

T8：体现在和孩子建立一种平等的关系，不俯视幼儿；教师要起榜样示范带头作用；有知识储备与扎实技能；注重家园共育；孩子在前，教师在后……

T9：把握课堂教学、日常教学；家园合作，与家长沟通；回归幼儿主场；遵守幼儿园的各项制度；不收取家长的贿赂；用平等眼光对待幼儿，要为人师表……

幼儿教师专业伦理规范的制定要由社会多方共同参与，所以更是需要一线幼儿教师表达自己的想法与观点；幼儿教师专业伦

---

① 王小溪：幼儿园教师专业伦理研究，长春：东北师范大学博士学位论文，2013：64。

理规范的制定还要富有生命价值,既有利于幼儿各方面的发展,又要体现对幼儿教师的尊重,那么对幼儿教师进行调查,满足幼儿教师专业发展的合理要求就显得十分重要。

幼儿教师专业伦理规范的制定要体现专业性和可操作性。一方面要体现规范的合法、合理、民主和科学的特点,真正为幼儿发展服务、为幼儿教师专业发展服务,具有契合幼儿教育实际的规范,能够真正发挥规范的实际价值。另一方面,幼儿教师专业伦理规范的制定要体现尊重的原则。对幼儿生命和权利的尊重,也有对幼儿教师生命和权利的尊重。以满足多方权益的共同发展为基点,体现人性关怀,使不同利益团体都能够获益。此外,邓亚玲、阳泽(2015)认为制订的伦理规范要符合幼儿教师的道德认知规律,体现对最基本的幼儿教师伦理要求。[①] 这样,幼儿教师就会自觉遵守并指导教育教学行为,实现专业发展的过程中逐渐内化伦理规范成为自身的专业品质。

(三) 建立幼儿教师专业伦理规范的监督、评估与保障机制,锤炼专业伦理意志

幼儿教师专业伦理水平的发展不能仅依靠自律,更重要的是相关部门对幼儿教师行为进行监督、评估,明确幼儿教育各方的相关责任与义务,划出幼儿教师专业伦理的"底线"与基准,同时也要维护好幼儿、幼儿教师、家长、园方等群体的权利,并能引导幼儿园解决幼儿教育中各种伦理问题、为解释各种伦理现象提供实践引导和帮助,并提供相应的法律依据,保障幼儿教育各方的权益。

为了保障幼儿教师专业伦理的发展,需要各方承担相应的义务:第一,政府要加大对幼儿教育的财政投入,提升幼儿教师的社会地位,培养高质量的幼儿园师资和管理人员,促进幼儿教育专

---

① 邓亚玲、阳泽:论幼儿教师专业伦理的重塑,《教育探索》,2015(8):24—27。

业的健康、持续发展。国家是最强有力的权利主体,也只有国家层面的支持才能促进幼儿教育事业的繁荣,才能够造就和吸引更多的优秀人才进入幼儿教育领域。第二,规范幼儿教育行业。对幼儿园办园物质和精神条件进行严格审查,并定期进行考核,不定期进行抽查等措施,责成园方主体规范办园行为,规范幼儿教育行为。第三,建立幼儿教师定期审查制度,特别注重幼儿教师专业伦理行为与基本素养考核制度,以专业伦理规范制度进行监督与评估,督促幼儿教师专业伦理水平的发展。第四,保障幼儿教师的合法权益。对幼儿教师的专业行为有专业的考核标准,不可一概而论,必须符合幼儿教师专业工作的发展需要,给予幼儿教师相应的专业自由。

（四）发展良好的个性心理品质,奠定专业伦理意志个体基础

艰苦奋斗、坚韧不拔的意志品质是中华民族自古以来的优良传统,它引导我们在顺境的时候始终保持着不骄不躁的优良作风,在苦难中以坚韧不拔的意志品质去战胜困难。在当今形势下,我们作为幼儿教师,在教育道路上更应具备这些优良的意志品质。幼儿教师加强个人及思想教育,养成个体艰苦奋斗、坚韧不拔的意志品质非常重要。

1. 坚韧不拔的意志品质

良好的意志品质有利于幼儿教师克服教学中的困难,安心于教育工作。幼儿教师在工作中一定要说到做到、信守诺言,对幼儿教育中出现的问题要坚持一贯的处理方式,不能朝令夕改,要坚决果断。长期坚持下去,幼儿就会感受到幼儿教师说话算数。幼儿教师的行为引导就会有显著的成效,也有利于培养幼儿坚决果断的性格和良好的行为品质。

2. 乐观向上的情绪

幼儿教师应保持一种轻松愉快的心境、昂扬的斗志、乐观向上的情绪。这样不仅能让幼儿教师朝气蓬勃、头脑清楚、工作充满激情,而且能使幼儿在心理上产生一种愉悦的情感体验,激发幼儿进入积极的心理状态,形成乐观向上的性格。幼儿教师的一言一行都可能左右幼儿对待任何事物的热情。幼儿教师亲切、和蔼的微笑有助于幼儿在欢快的气氛中学习本领,所以幼儿教师要善于控制和调节自己的情绪,在教学中保持良好的心态,在与幼儿的相处中时刻保持和表现出豁达开朗的心胸,是培育幼儿形成良好个性和心理品质的重要措施。

3. 广泛的兴趣爱好

一个幼儿教师对幼儿的吸引力体现在各种教育活动的学习中,如果幼儿教师有着广泛的兴趣爱好,并积极引导幼儿开展各种各样的活动和参与到幼儿各种学习活动中去,与幼儿一起构建经验,一同经历经验的探究过程,那么幼儿教师对幼儿的吸引力会大大提高,这样的幼儿教师会很受幼儿欢迎,幼儿也会更乐意接受幼儿教师的教育。

参考文献

一、论文书籍类

［1］［美］艾尔·巴比著. 邱泽奇译. 社会研究方法(第十一版)［M］.北京：华夏出版社,2009。

［2］［美］杰克·D. 道格拉斯,弗兰西斯·C. 瓦克斯勒著. 张宁,朱欣民译. 越轨社会学概论［M］.河北：河北人民出版社,1987。

［3］［美］玛丽·路易丝·霍莉,乔安妮·M. 阿哈尔,温迪·C. 卡斯滕著. 祝莉丽等译. 教师行动研究［M］.北京：中国人民大学出版社,2014。

［4］［美］斯特赖克,索尔蒂斯. 教学伦理(第4版)［M］.洪成文,张娜,黄欣译. 北京：教育科学出版社,2007。

［5］Campbell E. *Moral and Ethical Exchanges in Classromms* ［J］. Paper Present at the Annual Meeting of the American Educational Research Association, New Orleans, 2000(April).

［6］Tang Keow Ngang, Tan Chan Chan *The Importance of Ethics, Moral and Professional Skills of Novice Teachers* ［J］. Elsevier Ltd, 2015.

［7］陈谷佳. 儒家伦理哲学［M］.北京：人民出版社,2011。

［8］陈劲草. 幼儿园教师的伦理角色研究［D］.杭州：浙江师范大学硕士学位论文,2016。

［9］陈来. 古代宗教与伦理——儒家思想的根源［M］.上海：三联书店,1996。

［10］陈连孟.幼儿教师专业伦理形成研究［D］.重庆：西南大学硕士学位论

文,2013。

[11] 陈思坤.诺丁斯关怀伦理思想的人本价值[J].教育学术月刊,2010(4)。

[12] 程凤春.幼儿园管理的50个典型案例[M].上海:华东师范大学出版社出版,2011。

[13] 邓亚玲、阳泽.论幼儿教师专业伦理的重塑[J].教育探索,2015(8)。

[14] 张地容、杨晓萍.论幼儿园教师专业伦理的实践困境与路径选择[J].中国教育学刊,2014(5)。

[15] 冯婉桢.《从"虐童事件"看幼儿园教师专业伦理建设的重要性》,《河北师范大学学报》(教育科学版),2014第1期。

[16] 高红梅.幼儿园教师关怀敏感性研究[D].重庆:西南大学硕士学位论文,2016。

[17] 高明.教师伦理智慧的养成研究[D].重庆:西南大学硕士学位论文,2013。

[18] 韩淑萍.我国教师专业发展影响因素研究述评[J].现代教育科学,2009(9)。

[19] 贾萌.专业伦理视角下幼儿教师实施奖励中的问题研究[D].河北:河北师范大学硕士学位论文,2015。

[20] 李季湄、冯晓霞.《3—6岁儿童学习与发展指南》解读[M].北京:人民教育出版社,2013。

[21] 李曼.幼儿园教师专业实践中的伦理困境研究[D].上海:华东师范大学硕士学位论文,2016。

[22] 李琰.义务教育阶段教师专业实践中的伦理困境研究[D].重庆:西南大学博士学位论文,2014。

[23] 刘晶波.社会学视野下的师幼互动行为研究——我在幼儿园里看到了什么[M].南京.南京师范大学出版社,2006(12)。

[24] 刘天娥、蔡迎旗.论幼儿园教师专业伦理[J].幼儿教育(教育科学),2014。

[25] 刘义兵.论师范生的教师专业伦理建构与培养[J].西南大学学报(社会科学版),2012(9)。

[26] 沈璠.师道与师德合一:构建教师专业伦理制度的理性探索[D].西安:陕西师范大学硕士学位论文,2012。

[27] 唐凯麟.伦理学[M].北京:高等教育出版社,2003。

[28] 童瑶、刘静、张菊妹.关于大陆与香港幼儿教师专业化发展的比较[J].青年文学家,2013(1)。

［29］王小溪、姚伟.幼儿教师专业伦理规范的历史追寻与现实价值［J］.现代教育管理,2013(5)。

［30］王小溪.幼儿园教师专业伦理研究［D］.长春：东北师范大学博士学位论文,2013。

［31］王雅茹.幼儿教师专业伦理的缺失与生成［D］.杭州：浙江师范大学硕士学位论文,2011。

［32］吴光.中华人文精神新论［M］.上海：上海古籍出版社,1998。

［33］吴式颖、李明德、张斌贤等.外国教育史教程［M］.北京：人民教育出版社,2015(6)。

［34］徐浩斌.关于幼儿教师专业伦理建设的思考［J］.中国教育学刊,2012(5)。

［35］杨朝军.专业化背景下的幼儿园教师专业伦理之重构［J］.经济研究导刊,2014。

［36］杨慧琴.我国幼儿园教师职业伦理制度建设研究［D］.重庆：西南大学硕士学位论文,2014。

［37］杨启华.教师专业发展与教师专业道德建设——教师生涯发展阶段的视角［J］.中国德育,2009(1)。

［38］杨晓萍、廖为海.中美幼儿教师专业标准：背景、内容与比较［J］.今日教育：幼教金刊,2016(1)。

［39］由显斌.对农村幼教师资培训的研究与思考［J］.早期教育(教师版),2009(6)。

［40］张地容、杨晓萍.论幼儿园教师专业伦理的实践困境与路径选择［J］.中国教育学刊,2014(5)。

［41］张杰.幼儿教师专业伦理困境研究［D］.重庆：西南大学博士学位论文,2015。

［42］张晓君.师幼互动中的伦理问题研究［D］.杭州：浙江师范大学硕士学位论文,2015。

［43］郅庭瑾、曹丽.美国教师伦理与职业道德教育的发展及启示［J］.全球教育展望,2009(5)。

［44］钟瑞.幼儿园教师专业伦理观念与行为的现状研究［D］.杭州：浙江师范大学硕士学位论文,2013。

［45］周坤亮.教师专业伦理决策研究［D］.上海：华东师范大学博士学位论文,2016。

［46］朱水萍.教师伦理：现实样态与未来重构［D］.南京：南京师范大学博

士学位论文,2014。

二、网络报刊类

［1］332614823. 知人善用——调动员工积极性的法宝［EB/OL］. https://wenku. baidu. com/view/1c2377fcf8c75fbfc77db254. html. 2020. 04. 27。

［2］崔木杨. 甘肃正宁校车司机超载超速成惯例［EB/OL］. https://news. qq. com/a/20111121/000090_1. htm. 2020. 04. 28。（来源：新京报）

［3］华经情报网. 2018 年中国在园幼儿人数及师资配置情况分析［EB/OL］. https://www. sohu. com/a/322117984 _ 120113054. 2019 - 06 - 21。

［4］嘉职 11 级幼教班. 案例集［EB/OL］. https://wenku. baidu. com/view/6fe12141b94ae45c3b3567ec102de2bd9705de74. html. 2020. 04. 27。

［5］教育部：提高幼儿教师待遇要加大投入与核定编制［EB/OL］. http://www. chinanews. com/edu/2010/12-10/2714996. shtml. 2019. 12. 10。（来源：中国新闻网）

［6］教育部谈教师队伍建设改革：创新幼教培养模式［EB/OL］. http://edu. sina. com. cn/l/2018-02-02/doc-ifyrcsrw6323115. shtml. 2019. 02. 02。（来源：央广网）

［7］教育部：严把幼儿园教师入口关,全面落实持证上岗制度［EB/OL］. http://wap. stcn. com/article/461453. 2019. 02. 06。（来源：证券时报网）

［8］两会最"强"音：提高幼儿教师社会地位和待遇,增强职业吸引力！［EB/OL］. https://www. sohu. com/a/300442227 _ 237901. 2019. 03. 11。（来源：园长荟）

［9］吕玉刚. 教育部介绍贯彻落实《中共中央　国务院关于学前教育深化改革规范发展的若干意见》有关情况［EB/OL］。http://www. gov. cn/xinwen/2019-04/18/content_5384489. htm,2019 - 04 - 18。

［10］刘荪. "大带小"语言区活动：故事墙"排图讲述"［EB/OL］. http://www. bjdcfy. com/qita/yejyxdyjal/2015-12/515077. html. 2020. 04. 12。

［11］如何建构教师伦理［EB/OL］. http://edu. people. com. cn/n/2014/1103/c1053-25962192. html. 2020. 01. 03。（来源：中国教育报）

［12］央视新闻. 为幼儿教师发声,解决幼儿教师工资问题真正提上日程［EB/OL］. https://www. sohu. com/a/217656188 _ 671589. 2019. 08. 09。（来源：聪慧幼教）

［13］幼儿园教师. 好幼师离职的 8 大原因，心寒了……［EB/OL］. https://www. sohu. com/a/157286296_166437. 2020. 04. 27。（数据来源：职友集）

［14］幼儿园教师. 幼儿教师编制、民办园发展，你关心的学前教育问题这次两会——给了回应［EB/OL］. https://www. sohu. com/a/300442228_237901. 2020. 03. 12。（来源：园长传媒）

［15］育儿啊. 一名普通幼儿园老师的心声！［EB/OL］. https://k. sina. cn/article_6434919128_17f8d12d8001003vpz. html? from＝baby&http＝fromhttp. 2020. 04. 27。（来源：新浪网）

［16］中商产业研究院整理. 2019 中国幼儿园现状与问题分析［EB/OL］. https://www. sohu. com/a/336376392_350221. 2020. 04. 27。（来源：教育部）

［17］中商产业研究院整理. 2019 中国幼儿园现状与问题分析［EB/OL］. https://www. sohu. com/a/336376392_350221, 2020. 04. 27。（来源：教育部）

附　　录

【附录1】

师幼互动中伦理问题事件的观察记录表

班级：

时间 地点	发起者	事件类型	具体事件

【附录2】

幼儿园教师半结构性访谈提纲

尊敬的老师：

　　您好！我是湖州师范学院学前教育专业大四的学生，正在进行一项师幼互动的伦理现状研究，主要研究幼儿教师与幼儿之间的互动。访谈中提出的问题没有固定答案，也没有正误之分，您的回答对研究过程有很大的帮助。您的回答将只用于研究和撰写论文使用，研究者将遵守保密原则，不向任何第三方泄露您的信息，请放心回答。谢谢支持！

　　1. 说起幼教的专业性，您如何看待"专业"这个词？

　　2. 您是否知道幼儿园教师专业伦理？是怎么理解的？

　　3. 您认为目前幼儿园教师专业标准能不能给予幼儿教师的道德行为一些具体操作性的指导？

　　4. 您们幼儿园教师评价体系中有关于幼儿园教师专业伦理方面的内容吗？一般都会有哪些内容呢？

　　5. 幼儿园与职业道德有关的规定有哪些？在教师职业道德建设方面有哪些形式？

　　6. 您在与幼儿互动过程中有没有遇到过令自己困惑的伦理问题？可以举例说明吗？

　　7. 如果遇到同事不符合幼儿教师专业伦理地对待幼儿，您会怎么办？

【附录3】

"幼儿教师专业伦理认知"的访谈提纲

1. 您认为什么是"幼儿教师专业伦理"？您对这个词有什么认识？

2. 您在职前或者在职后是否有经过与"幼儿教师专业伦理"相关的培训？

3. 您是否喜欢幼儿园教师这个职业？

4. 您对新闻传出的幼师虐童事件有什么想法？

5. 您认为"幼儿教师专业伦理"应该如何建设？

维度分析：

问题1和问题2主要是了解被访谈者专业伦理意识；

问题3、问题4和问题5主要是了解被访谈者专业伦理情感。

【附录4】

自然观察法提纲

对一日生活(包括入园晨检、游戏活动、午餐、盥洗、午睡、离园)过程中教师与中班幼儿发生的相关事件进行记录,整理观察内容后,根据专业伦理意识、行为、意志、情感将内容主要分为四大类:指导活动、约束纪律、照顾生活、其他。

维度分析:

其中指导活动主要是了解专业伦理行为;照顾生活主要是了解专业伦理意识、行为;约束纪律主要是了解专业伦理意志、行为。分类并不是完全独立区分开专业伦理意识、行为、情感、意志,因为在观察中一件简单的事件可能同时体现了多个方面的专业伦理问题。

【附录5】

幼儿教师专业伦理发展调查表（幼儿教师版）

所在单位：　　　　　　　　　　　　　　　　　　　姓名：

你知道什么是教师专业伦理吗？	
你对当代教师专业伦理发展有什么意见？	
你认为幼儿教师专业伦理发展中，谁占幼儿教师这一职业首要位置？	
你认为当代社会家长最注重的教师专业伦理是哪方面？	
教师专业伦理发展包括哪些方面？	
作为家长，你认为现在的幼儿教师较缺乏哪方面的专业伦理？（已婚教师）	

注：本调查表内容仅限本地区教师情况而言，有不足之处请见谅。

【附录6】

幼儿教师专业伦理发展调查表(家长版)

所在班级:

你认为本园教师专业伦理发展是否合乎家长需要?	
你对幼儿教师专业伦理发展有什么宝贵意见?	
你认为幼儿教师专业伦理发展还需要注意哪些方面?	
你认为本班教师专业伦理发展是否成熟?	
教师专业伦理发展方面是否有所欠缺?	

注:本调查表内容仅限本地区家长对教师实际情况而言,有不足之处请见谅。

【附录7】

教育部关于印发《新时代高校教师职业行为十项准则》
《新时代中小学教师职业行为十项准则》
《新时代幼儿园教师职业行为十项准则》的通知

教师〔2018〕16 号

各省、自治区、直辖市教育厅（教委），新疆生产建设兵团教育局，有关部门（单位）教育司（局），部属各高等学校、部省合建各高等学校：

为深入贯彻习近平新时代中国特色社会主义思想和党的十九大精神，深入贯彻落实全国教育大会精神，扎实推进《中共中央国务院关于全面深化新时代教师队伍建设改革的意见》的实施，进一步加强师德师风建设，我部研究制定了《新时代高校教师职业行为十项准则》《新时代中小学教师职业行为十项准则》《新时代幼儿园教师职业行为十项准则》（以下统称准则）。现印发给你们，请结合实际，认真贯彻执行。

一、准则是教师职业行为的基本规范。师德师风是评价教师队伍素质的第一标准。长期以来，广大教师牢记使命、不忘初心，爱岗敬业、教书育人，改革创新、服务社会，作出了重大贡献，党和国家高度肯定，学生、家长和社会普遍尊重。但是，也有个别教师放松自我要求，不能认真履职尽责，甚至出现严重违反师德的行为，损害教师队伍整体形象。制定教师职业行为准则，明确新时代教师职业规范，针对主要问题、突出问题划定基本底线，是对广大教师的警示提醒和严管厚爱，是深化师德师风建设，造就政治素质过硬、业务能力精湛、育人水平高超的高素质教师队伍的关键之举。

二、立即部署扎实开展准则的学习贯彻。各地各校要立即行动,结合落实师德师风建设长效机制,开展准则的学习贯彻。要结合本地区、本学校实际进行细化,制定具体化的教师职业行为负面清单及失范行为处理办法,提高针对性、操作性。要做好宣传解读,坚持全覆盖、无死角,采取多种形式帮助广大教师全面理解和准确把握,做到人人应知应做、必知必做,真正把教书育人和自我修养结合起来,时刻自重、自省、自警、自励,自觉做以德立身、以德立学、以德施教、以德育德的楷模,维护教师职业形象,提振师道尊严。

三、把准则要求落实到教师管理具体工作中。要把好教师入口关,在教师招聘、引进时组织开展准则的宣讲,确保每位新入职教师知准则、守底线。要将准则要求体现在教师聘用、聘任合同中,明确有关责任。要强化考核,在教师年度考核、职称评聘、推优评先、表彰奖励等工作中必须进行师德考核,实行师德失范"一票否决"。改进师德考核方式方法,避免形式化、随意化。完善师德考核指标体系,提高科学性、实效性。

四、以有力措施坚决查处师德违规行为。各地各校要按照准则及相应的处理指导意见、处理办法要求,严格举报受理和违规查处。对于发生准则中禁止的行为,要态度坚决,一查到底,依法依规严肃惩处,绝不姑息。对于有虐待、猥亵、性骚扰等严重侵害学生行为的,一经查实,要撤销其所获荣誉、称号,追回相关奖金,依法依规撤销教师资格、解除教师职务、清除出教师队伍,同时还要录入全国教师管理信息系统,任何学校不得再聘任其从事教学、科研及管理等工作。涉嫌违法犯罪的要及时移送司法机关依法处理。要严格落实学校主体责任,建立师德建设责任追究机制,对师德违规行为监管不力、拒不处分、拖延处分或推诿隐瞒等失职失责问题,造成不良影响或严重后果的,要按照干部管理权限严肃追究责任。

各地贯彻落实准则的情况,请及时报告教育部。教育部将适时对落实情况进行督查。

教育部
2018 年 11 月 8 日

新时代幼儿园教师职业行为十项准则

教师是人类灵魂的工程师,是人类文明的传承者。长期以来,广大教师贯彻党的教育方针,教书育人,呕心沥血,默默奉献,为国家发展和民族振兴作出了重大贡献。新时代对广大教师落实立德树人根本任务提出新的更高要求,为进一步增强教师的责任感、使命感、荣誉感,规范职业行为,明确师德底线,引导广大教师努力成为有理想信念、有道德情操、有扎实学识、有仁爱之心的好老师,着力培养德智体美劳全面发展的社会主义建设者和接班人,特制定以下准则。

一、坚定政治方向。坚持以习近平新时代中国特色社会主义思想为指导,拥护中国共产党的领导,贯彻党的教育方针;不得在保教活动中及其他场合有损害党中央权威和违背党的路线方针政策的言行。

二、自觉爱国守法。忠于祖国,忠于人民,恪守宪法原则,遵守法律法规,依法履行教师职责;不得损害国家利益、社会公共利益,或违背社会公序良俗。

三、传播优秀文化。带头践行社会主义核心价值观,弘扬真善美,传递正能量;不得通过保教活动、论坛、讲座、信息网络及其他渠道发表、转发错误观点,或编造散布虚假信息、不良信息。

四、潜心培幼育人。落实立德树人根本任务,爱岗敬业,细致耐心;不得在工作期间玩忽职守、消极怠工,或空岗、未经批准找人替班,不得利用职务之便兼职兼薪。

五、加强安全防范。增强安全意识,加强安全教育,保护幼儿安全，防范事故风险；不得在保教活动中遇突发事件、面临危险时，不顾幼儿安危，擅离职守，自行逃离。

六、关心爱护幼儿。呵护幼儿健康，保障快乐成长；不得体罚和变相体罚幼儿，不得歧视、侮辱幼儿，严禁猥亵、虐待、伤害幼儿。

七、遵循幼教规律。循序渐进，寓教于乐；不得采用学校教育方式提前教授小学内容，不得组织有碍幼儿身心健康的活动。

八、秉持公平诚信。坚持原则，处事公道，光明磊落，为人正直；不得在入园招生、绩效考核、岗位聘用、职称评聘、评优评奖等工作中徇私舞弊、弄虚作假。

九、坚守廉洁自律。严于律己，清廉从教；不得索要、收受幼儿家长财物或参加由家长付费的宴请、旅游、娱乐休闲等活动，不得推销幼儿读物、社会保险或利用家长资源谋取私利。

十、规范保教行为。尊重幼儿权益，抵制不良风气；不得组织幼儿参加以营利为目的的表演、竞赛等活动，或泄露幼儿与家长的信息。

后　记

　　一直想做幼儿园教师专业伦理方面的研究，也因为种种原因一再推后，从2015年至今，终于有一天发现自己已经在无意或有意中推后得太过，于是重新梳理研究的思路，整理这几年来自己与研究团队的研究成果，终于可以成文并付梓了，实在是一件值得高兴的事！

　　在这里，要感谢学校的信任和支持，使这本著作得以出版！要感谢研究团队所有成员的理解和努力，在本项目研究过程中，能够一直赋予我以信任！还要感谢奕阳教育研究院的支持、关心和帮助，这项研究成果，有您们的督促才能步步凝结！

　　最后，我想说的是，这项研究成果仅仅是抛砖引玉，我们的研究成果还很稚嫩，很多内容有待进一步深入地研究。学术研究的路很长很深，我只是一个默默踽踽前行的人。

2020.12.03

赵海燕于浙江湖州

图书在版编目（CIP）数据

幼儿教师专业伦理发展研究/赵海燕等著. —上海：上海三联书店，2021.11
ISBN 978 - 7 - 5426 - 7608 - 5

Ⅰ.①幼… Ⅱ.①赵… Ⅲ.①幼教人员－师德－研究 Ⅳ.①G615

中国版本图书馆 CIP 数据核字(2021)第 230375 号

幼儿教师专业伦理发展研究

著　　者 / 赵海燕　等

策　　划 / 王爱军
责任编辑 / 杜　鹃
装帧设计 / 一本好书
监　　制 / 姚　军
责任校对 / 张大伟　王凌霄

出版发行 / 上海三联书店
　　　　　(200030)中国上海市漕溪北路 331 号 A 座 6 楼
邮购电话 / 021 - 22895540
印　　刷 / 上海惠敦印务科技有限公司

版　　次 / 2021 年 11 月第 1 版
印　　次 / 2021 年 11 月第 1 次印刷
开　　本 / 890 mm×1240 mm　1/32
字　　数 / 170 千字
印　　张 / 7.125
书　　号 / ISBN 978 - 7 - 5426 - 7608 - 5/G·1621
定　　价 / 68.00 元

敬启读者，如发现本书有印装质量问题，请与印刷厂联系 021 - 63779028